帅气逼人的历史

胡　坚｜著

中国友谊出版公司

图书在版编目(CIP)数据

帅气逼人的历史 / 胡坚著. -- 北京 : 中国友谊出版公司, 2014.3

ISBN 978-7-5057-3364-0

Ⅰ. ①帅… Ⅱ. ①胡… Ⅲ. ①男性 — 名人 — 生平事迹 — 中国 — 古代 Ⅳ. ①K820.2

中国版本图书馆CIP数据核字(2014)第027477号

书 名 帅气逼人的历史

作 者 胡 坚

出 版 中国友谊出版公司

发 行 杭州飞阅图书有限公司

经 销 新华书店

印 刷 杭州钱江彩色印务有限公司

规 格 710mm × 1000mm 16开

14.75印张 120千字

版 次 2014年4月第1版

印 次 2014年4月第1次印刷

书 号 ISBN 978-7-5057-3364-0

定 价 35.00元

地 址 北京市朝阳区西坝河南里17号楼

邮 编 100028

电 话 （010）64668676

目录

刘邦

我才是正版“龙的传人” 001

潘安

长得好看，不是你趋炎附势的资本 013

陈平

流泪的仕途 025

子都

谁说美男不会“暗箭伤人” 035

卫玠

我真的不想靠脸吃饭 045

纳兰容若

大千世界，谁知我的心痛 057

嵇康

我就是要挑战这个世界 067

沈约

我的细腰与风流无关 077

司马相如

我用鸣弦，换你一世倾心 087

独孤信

天下第一岳父是怎样炼成的 099

目录

慕容冲

翩翩少年的复国梦 111

宋文公

俏脸换来万里江山 123

董贤

“红颜祸水”不是女性专利 133

裴楷

适者未必能生存 143

王衍

我只是大话多了一点 155

邓通

原来你只是一只火鸡 167

兰陵王

我用面具，遮挡绝世容颜 179

谢混

我的爷爷是谢安 193

韩子高

他的江山里有我的名字 205

吕布

三姓家奴的爱恨情仇 217

刘邦

我才是正版“龙的传人”

以糊涂著称的堂吉诃德曾有一句名言：只要你干出点名堂，自然会有学者发现你身上的王族血统。窃以为，堂先生虽是西班牙人，这句简单的话却几乎道出了“马屁文化”的精髓。

对堂吉诃德这个命题，东汉末年的很长一段时期里都在涿郡（今河北涿州）步行街上摆地摊的摊主刘备先生，应当有着非常真切的体验——当他日后干出点名堂建立蜀汉的时候，立刻有学者考证出他乃是中山靖王刘胜的第十三代孙，亦即汉高祖刘邦的第十六代后人。但在他冒着涿郡的风吹雨淋，没日没夜埋头织鞋的时候，何曾有一个顾客因为他身上的王族血统而乐意多付一个铜板啊！

但对于刘备的先祖刘邦本人来说，恐怕很难会对这个“血统论”表示赞同。一方面刘邦并没有听过“龙生龙，凤生凤，老鼠生儿会打洞”的顺口溜；另外一方面，就算他提三尺剑崛起于乱世，举十万军西进于咸阳，诛暴秦而取天下，自草民而至帝王，建立了虽经两千年的洗礼仍影响至今的大汉帝国，但学者还是难以从他身上找出一丝王族血统，原因很简单——

这个真没有。

刘氓季

司马迁在写作《史记·高祖本纪》的时候，应当是做过为刘邦找个高贵血统祖先的尝试的，这从他在《太史公自序》里努力证明自己与秦末义军将领司马卬的亲戚关系可以看出来。他自豪地宣称自己与司马卬都是周宣王（在位时间前827~前781年）时的司马氏后人——不过很明显司马迁在刘邦身上的努力失败了，只好老老实实地写下“高祖，沛丰邑中阳里人，父曰太公，母曰刘媪”这样一段大白话，翻译过来就是说，刘邦父母的名字都不为人所知，人们只是称呼他们刘老头、刘老太。

父母的身份似足以证明刘邦的草根出身，不过虽找不出刘邦祖上的辉煌，也难不住见多识广的司马迁，他马上想到了办法弥补，便说刘邦出生前，刘媪曾经在沼泽地畔小憩，不小心梦到了神仙。当刘太公四处寻觅喊她回家吃饭时，却见“雷电晦冥”，一条蛟龙正趴在自己老婆的身上。回家不久刘媪便发现自己有了身孕，日后生下的自然就是刘邦——因为排行第三的缘故，小名刘季。

公元前256年是刘邦的生年，但是知道的人很少，毕竟这一年有更重要的事发生，那就是立国791年的周朝灭亡了。当了五十九年周天子的周赧王在这年发现秦人已成大患，于是与诸侯合纵攻秦，不想反被秦昭王俘获，被释放不久便死掉了。于是，西周臣民投奔东周。此后东周虽存，但已不再称王，史家遂以秦王纪年，秦人统一天下已呈不可阻挡之势。

其实少年刘邦曾经很是勤奋好学，日后平定英布完毕回沛县置酒的时候面对众多父老乡亲，能够当场吟出大气磅礴的《大风歌》，便是他良好学识的明证。词曰：

大风起兮云飞扬，
威加海内兮归故乡，
安得猛士兮守四方！

这首简单到只有三句的诗却成了日后无数文人墨客竞相夸赞的对象，就连电影《让子弹飞》里坐着马拉火车的汤师爷，在陪马县长吃火锅需要拍马屁的时候都会拿出来念上两句。不难设想，如果不是随后多年战火蔓延使生活难得安定，刘邦起码可以在著书立说方面有更大的成就；若是愿意多花点时间研究秦国的发展史，再结合楚国实际情况，即可轻松完成一本解密秦国霸权之路的著作。就算不能青史留名，提升一下知名度也是好的嘛。

可惜刘邦在学术方面的努力并未能见诸史籍，后人却凭《史记·高祖本纪》中“高祖……不事家人生产作业”，“好酒及色”等只言片语的记载，认定他发迹前乃是一个不学无术的流氓，甚至煞有介事地将其描述成沛县黑社会人员的形象。易中天亦在《汉代风云人物》中评价汉朝开国皇帝时，认为“刘邦在当皇帝之前没有名字，也没有读过书，只喜欢酒和女人，经常被父亲称作‘无赖’”。——没读过书的人能写出《大风歌》、《鸿鹄歌》的可能性只怕是微乎其微——这种误解在元人睢景臣的《高祖还乡》中得到了淋漓尽致的表现。作者以沛县乡民的口吻对刘邦早年的经历大加嘲讽：

你身须姓刘，你妻须姓吕，把你两家儿根脚从头数：你本身做亭长耽几杯酒，你丈人教村学读几卷书。曾在俺庄东住，也曾与我喂牛切草，拽坝扶锄。

春采了桑，冬借了俺粟，零支了米麦无重数。换田契强秤了麻三秆，还酒债偷量了豆几斛，有甚糊突处？明标着册历，见放着文书。

这篇曾被收入高中语文课本的套曲，从境界上讲可谓几乎没有，却用近乎泼妇骂街的词汇，把刘邦勾画成一个面目可憎的无赖。相比因为史料的简略而造成后世对刘邦身份的误解，另一个更重要的事实也被人有意无意地忽略了，那就是：真实的刘邦不但绝非如此面目可憎，还是一位远近闻名的大帅哥，甚至，很有可能，是中国历史上最帅的帝王。

流氓原来是帅哥

关于刘邦是帅哥最直接的证据仍然来自司马迁。他在写刘邦“不事家人生产作业”之前，曾花了少量篇幅描述刘邦的相貌，称“高祖为人，隆准而龙颜，美须髯，左股有七十二黑子”。翻成白话，就是说刘邦鼻梁高挑，面部呈龙相，有着漂亮的大胡子，左大腿上有七十二颗黑痣。

黑痣倒是难以用来证明刘邦之帅，毕竟没人乐意有事没事把大腿亮出来给人看——车模这个职业可是在刘邦去世之后两千多年才出现呢——但除去所谓真命天子的龙形异相不计，高鼻梁、美须髯总是属于帅的审美范畴的。至于《河图》所记刘邦“口角戴胜，斗胸，龟背，龙股”（雀鸟嘴，斗形含胸，龟背，龙腿），可能是马屁拍过了头，反而变成丑化。《史记》没有说刘邦身高，但《河图》有记载，说刘邦“长七尺六寸”。按照西汉古尺计算，身高大约一米七七，这个身高在今天也算过得去。

除了硬件上能被称为“帅哥”的优势，刘邦还是个注重仪表之人，也足以为其外在形象上加分。《高祖本纪》中并没有关于刘邦曾引领沛县时尚潮流的相关记载，但司马迁也在无意间透露出刘邦在穿戴方面的讲究。

出身草根的刘邦在三十多岁的时候通过了秦朝的公务员考试，成功进入大秦帝国公务员行列，当上了泗水亭长，职位相当于如今乡镇派出所的所长。(《史记》：“及壮，试为吏，为泗水亭长。”)秦朝地方编制乃是郡下设县，县下设乡，乡下每十里设一亭，每亭有亭长一名，下有亭父、求盗若干，专门负责看门或跑腿抓人。泗水亭是个小亭，只有亭父、求盗各一，尽管如此，刘亭长仍然派了他的亭父从沛县跑到薛地（今山东滕州），不辞劳苦地取了当地特有的竹皮，煞费苦心地为自己制了一顶闪闪发光的竹皮冠,这与如今人们不远万里远赴欧美带回免税的手表和LV包用以装饰自己何其相似。刘邦对这顶来之不易的竹皮冠情有独钟，自是日日佩戴，成为沛县街头的一道风景。甚至多年后建立汉朝当上皇帝，他平时也总是将它戴在头上，世间称之“刘氏冠”。

不过可惜的是，如今刘邦故里沛县所立的无数刘邦雕塑，都已经看不到这顶能充分反映刘邦之帅的刘氏冠了。我曾经去过沛县刘邦公园，内立“刘邦”居然摆了个双手向上举着托盘的姿势，据说乃是取托盘朝天求取甘露以得长生的创意，不过怎么看都像是个端菜的服务员，实在令人大跌眼镜。

秦末的“绯闻天王”

在很多情况下，长得帅并不见得是件好事。与刘邦同时代的陈平，早年便因为太帅不但找不到女朋友，也一直找不到工作，最终只好娶了一位因连续克死五任丈夫而无人敢要的富家女。不过刘邦并没有碰到这种难题，他的女人缘可以说是好到令人嫉妒——这固然是其“帅”的结果，亦可作为“帅”的证明。

刘邦在参加公务员考试之前便曾成功俘获当地一位少女的芳心，还跟她生了一个儿子，即前201年被立为齐王的刘肥。虽然这位少女曹氏只是在史记记载刘肥时被司马迁顺便提了一下（《史记·齐悼惠王世家》载刘肥“其母外妇也，曰曹氏”），但她为帅哥季意乱情迷，继而花前月下的场景倒也不难想象。遗憾的是曹氏从此便不知所终了，无论是在《高祖本纪》、《齐悼惠王世家》还是《吕太后本纪》中都不见踪影。但这一遗憾在两千年后倒是得到了弥补，新近开播的大片《楚汉传奇》中，导演便为曹氏与刘邦安排了一个大团圆式的结局，称二人年轻时乃真心相爱，感情难以割舍；一统天下后刘邦虽然后宫佳丽三千，但唯一可以信赖的人却只有曹氏，于是不顾曹氏的年迈而将其召入宫中共忆往昔——我倒宁愿这个传说是真的。

另外，担任泗水亭长期间，刘邦时常出没于街头王媪、武负所开的酒肆，而且次次赊账，但两位老板娘不但常年不催酒债，到了年底还将刘邦的债务一笔勾销，甚至连账本都给烧了。对此司马迁的解释是刘邦曾经酒醉后躺在酒店的角落，王媪、武负过来观看，竟从酒醉的刘邦身上看到龙形，于是大感讶异；而且每次只要刘邦前来喝酒，店里生意便比往常好了好几倍，抹掉酒钱也是情理之中。但也有研究者对此提出异议，认为这是王、武二人对英俊的刘邦太有好感，为了能够时常见他而主动减免酒资，甚至八卦地认为他们之间有什么见不得人的关系——不过这个传闻究竟是真是假，就不知道了。

不久后刘邦再接再厉，竟完全凭借自己出众的外表免费给自己讨了个老婆，即日后声名卓著的吕后。当时家居单父（今山东菏泽单县）的吕公为了躲避仇家追杀，举家搬迁至沛县投靠县令。因为吕公与县令私交甚好，县令一度想讨吕雉做自己的儿媳。一次县令为迎接贵客大摆宴席，命萧何主管收礼。客人众多，萧何遂规定大家根据礼金就座，以交红包一千钱为界，一千以上坐堂上，一千以下的坐堂下，少于一百的直接端碗蹲门口吃。刘邦兜里自然是一分钱没有，不过他却高喊着“送钱一万”来到县令门口，令吕公大吃一惊。史载吕公“见高祖状貌，因重敬之，引入坐”，不但不再计较礼金，还将他带入大堂，酒足饭饱之后将刘邦单独留下，说，我有一个女儿……

准丈母娘吕媪在一旁吹胡子瞪眼，埋怨吕公：县令跟咱们提亲多次，且跟咱家多年交好，你都一口回绝，为什么却把女儿嫁给刘季，要知道他可是除了好看，一无是处（“公始常欲奇此女，与贵人。沛令善公，求之不与，何自妄许与刘季？”）。吕公哈哈一笑：我看刘季面相奇特，日后前途不可限量，是个典型的潜力股，女儿嫁给这样的人，肯定不差！

一通海聊便搞定一个老婆，这等风光事迹定让日后参加江苏卫视非诚勿扰节目的男嘉宾们无限郁闷，刘邦这等艳福大约也只有魏晋时期同样英俊貌美善侃的卫玠能够与之相提并论了。不过相比卫玠讨来老婆不久便在二十七岁时候被人看死，活了六十多岁而且当上开国皇帝的刘邦，命运可是好得多了。

如果你以为这是刘邦唯一一次帅得惊动老丈人，那就太小看刘邦的长相了。数年后刘邦亲率大军五十六万出汉中入彭城征讨项羽，不幸大败而归，孤身逃难至一个无人认识的村落，被一对父女收留。一顿酒饭完毕，刘邦稍事修理，将自己狼狈奔逃的痕迹去除，露出英俊面容，再一次让老头心甘情愿当了他的老丈人，将女儿许配于他，这便是日后几乎夺走吕雉皇后之位的戚夫人。此时正在项羽军中当人质的吕雉自然不知内情，等她日后被项羽释放见到戚姬的时候，刘邦只是解释这是自己的红颜知己——多年后将戚夫人制成“人彘”犹不解恨的吕雉反省当年，得出重要结论：

别让你的老公有红颜，因为他红着红着你俩就黄了。

屌丝的建国大业

当然，若是仅凭长相之帅，今天沛县刘邦公园内的雕塑完全没有立起来的必要——只为瞻仰帅哥的话，还不如把雕像做成潘安或者卫玠呢——当秦二世元年九月的大泽乡因为一场暴雨而突然成为这个帝国的焦点，陈胜吴广在愤怒中喊出“王侯将相，宁有种乎”的时候，时年四十六岁的刘邦终于拍案而起，上演了一出名为“建国大业”的世纪大戏。

如果此时有人问询：一个流氓能走多远？

那么刘邦可以很自信地告诉他：很远。

他解散了自己带领本该前往咸阳服役的队伍，在沛县举起反旗，历经两年艰苦卓绝的奋争，终于成功率军进至咸阳。当他汉元年十月（前206年）从跪在地上的秦王子婴手中接过玉玺的时候，仿佛接过一个庞大的帝国。这个中国历史上第一个统一而又强大的帝国——秦王朝，终被楚人刘邦所亡。

随后发生了很多故事，例如鸿门宴上惊险逃生、进驻关中后使出令人津津乐道的“明修栈道暗度陈仓”、率五十六万大军兵败彭城、经四年楚汉战争击溃项羽，最终成功建起立国长达406年的大汉王朝。虽然两千年过去，我们今天仍然随处可见这个王朝的影子——我们今天仍在使用的汉字、我们今天仍为之自豪的汉民族，皆来源于此。而这些，岂是刘邦满怀失落地听到项羽将自己封为“汉王”的时候所能预料到的？

我曾经在读到一段英国诗人亚历山大·薄柏为牛顿所写的墓志铭时深受感动，他写道：

自然和自然的规律隐藏在茫茫黑夜之中，上帝说：让牛顿降生吧！于是一片光明。

而在遥远的周赧王五十九年（前256年），当看到这片古老的东方大地在战国末年的战火中痛苦呻吟，帝国和帝国的未来隐藏在茫茫黑夜之中，上帝是不是也曾说过：让刘邦降生吧！

于是一片光明。

潘安

长得好看，不是你趋炎附势的资本

西晋永康元年（公元300年）的中国发生过两件奇事。

一件是一种奇怪的食物由中国沿海传至日本，做法是将原本以盐腌制的咸鱼改为米饭腌鱼，制成后将鱼和米饭一起食用——谁也不曾料到这种原用于逃难时充饥的食品竟在日本得到了广泛流传，演变成如今大受欢迎的寿司。

这另一件则是，中国历史上最著名的帅哥被灭了三族。日后被拿来作为“帅”的代名词的潘安想不到自己的人生竟会以这样一种不体面的方式结束，当他被以谋反的罪名装入囚车押送刑场的时候，竟发现好友石崇也在同日问斩之列。他看着这位以与王恺斗富而闻名天下的大款举着从日本料理店买来的咬了一半的米饭腌鱼——当时还不叫寿司——正以同样吃惊的神情盯着自己，俩人同时以不可思议的口吻惊呼：原来你也在这里！

帅是可以换水果吃的

若投票选择中国古代第一美男，潘安的得票率应该不会低于在1995年全民投票中获胜的萨达姆。是年萨达姆突发奇想决定搞一次全民选举，将自己设置成唯一候选人并宣布实行等额选举，最终如愿取得了99.96%的支持率。如今再做类似投票，相信认为潘安不帅的人断不会占到0.04%，因为时至今日“貌若潘安”仍然是对男子外貌的最高褒奖，潘安几乎成了“帅”的一般等价物：说到潘安便令人想到“美男”，就像说到黄金，便让人想到钞票一样。

潘安是魏晋时期中牟人（今河南中牟县），字安仁，小字檀奴，南朝刘义庆《世说新语·容止》说他“妙有姿容，好神情”，言语虽少，却将帅哥的轮廓勾勒得清清楚楚。潘安少时便以面貌出众而闻名乡里，每出家门则观者如堵，有邻居对此颇为嫉妒，不满道：帅有什么用，能当饭吃吗？

潘安以实际行动告诉他：不能，但可以换水果吃。

潘安是在洛阳读书的时候第一次发现帅是可以填饱肚子的。那时的潘安已经因为太帅而颇有名气，每次出城游玩都会遭遇粉丝汹涌围观，导致交通堵塞，大街小巷被围得水泄不通。不久之后同样著名的帅哥卫玠也享受了类似的待遇，不过卫玠在一次游街中不慎引发规模巨大的打砸抢活动，一代帅哥竟然被人给看死了。

潘安的运气没这么坏，在一次驾车出游时刚好碰到洛阳举行规模盛大的“农产品博览会”，参展的女性听闻潘安要来，激动得几乎晕过去，纷纷讨论见到潘安之后应该做出如何举动才能让偶像记住自己。

很快潘安马车行到近前，人们停住讨论，挽起裙脚走到路边，望着马车里露出半个脑袋的潘安，祈祷他能朝自己的方向看过来。路边早已挤满了围观的群众，几个魏晋时期的交警正费力地疏导交通，潘安静坐车中，马车缓缓向前。忽然人群中传来一阵喧嚣，一群人高呼“潘安潘安”，另一群人马上跟上“好帅好帅”，声音响彻云霄。

从农博会上出来的妇女们急了，眼看潘安的马车就要驶出自己的视线，再不想办法恐怕连被喊“滚开”的机会都没有了，于是一扬手，将从博览会上带出来的水果朝潘安的车上扔去，余人纷纷仿效。潘安正要惊呼“不好，有刺客！”却见落下来的是桃子李子杏子，不由惊喜，钻出车来挥手道：

让苹果和葡萄来得更猛烈些吧！

后世刘孝标注引《语林》，行文至此，语带羡慕地写道：“安仁至美，每行，老妪以果掷之满车。”同时代的张载、左思受到强烈刺激，毕竟免费的水果谁不想吃——于是两人模仿潘安，穿戴一新驾车出行。虽然左思曾写出超级畅销书《三都赋》并创造了“洛阳纸贵”的神话，不过由于两人实在太丑，每次出门，换回来的都是满满一车石头。

拍马屁的境界

倘是空有外表之美，再加上游街时喜欢拍拍照片，潘安的品位也就算是个普通青年。美男潘安让人服气的还有他的才华——写出《秋兴赋》、《闲居赋》的潘安与魏晋时期一流的文学家陆机齐名，史称“潘江陆海”。《滕王阁序》中王勃气势如虹地写完序文后邀请众人撰文，便是称“一言均赋，四韵俱成，请洒潘江，各倾陆海云尔”，意思就是说，各位像潘安和陆机那样随意来几下子吧。

潘安的文采与人格在一场高规格的拍马屁竞赛中得到了深刻体现。在他二十岁那年，晋武帝司马炎像1995年的萨达姆一样突发奇想心血来潮，决定亲自冒着高温下乡插一次稻子。西晋国家电视台在第一时间向全国做了现场直播，《西晋日报》除了在头版头条配发武帝弯腰插秧的大幅照片之外，还在副刊版面搞了个“我看武帝插秧”有奖征文活动，面向全国征集歌颂之作。写诗作赋乃潘安所长，遇到这等好事自然不会错过，于是他大笔一挥，书成《藉田赋》。虽然《晋书·潘岳传》中只用了“泰始中，武帝躬耕藉田，岳作赋以美其事”这一句连标点在内18个字记载此事，但对潘安来说可绝非如此简单，因为从某种程度上来说，正是这篇文章影响了他的后半生。潘安用不着像王勃号召的那样洒潘江倾陆海，洋洋洒洒千余字的《藉田赋》便已大功告成。

这是一篇当之无愧代表了人类历史上拍马屁最高境界的赋。

它篇幅虽短，却以华丽的辞藻描写了晋武帝亲自下田劳作的感人场面，歌颂了晋武帝以人为本的崇高境界，表达了自己愿跟随晋武帝向贫下中农学习的强烈渴望。全文充斥着“森奉璋以阶列兮，望皇轩而肃震；若湛露之晞朝阳兮，众星之拱北辰也”风格的句子，在潘安眼中，就连看上去正常不过的田间景色都成了这样：

肥沃的农田平坦得像周天子治下的大道，广袤的原野丰腴得如同尧舜居住的京师；近处的田塍直得像秦孝公坏井田所开出的阡陌，远处的田塍更如同《诗经》所称赞的“其直如矢”。

潘安写的原文为“沃野坟腴，膏壤平砥；遐阡绳直，迩陌如矢”。分别出自典故《史记》中“京师膏壤，沃野千里”，“秦孝公坏井田，开阡陌”，及《诗经》中“周道如砥，其直如矢”。

评委们一看此赋用典如神，用语清艳，用意昭然，不加编译即可收录入《马屁经》供后人观摩学习，一致认为应将特等奖颁予潘安。最终就像莫言摘得诺奖之后淘宝上与“莫言”有关的书全部断货一样，阅读潘安的文章也在西晋成为时髦之事，潘安大名旋即声震朝野。

不过乐极生悲，潘安此举表现出的惊人的拍马屁才华引起了其他大臣的反感，大家纷纷觉得，此人拍马屁已臻化境，若与其同朝为官，我等岂有出头之日——当潘安踌躇满志地站在领奖台上接受晋武帝亲自颁发的奖金和证书并接受国家电视台的采访，幻想着自己未来的仕途一帆风顺时，那些冲着大奖而去的大臣们早已心生嫉恨，备好了在武帝面前的构陷之词。最终，潘安被逐出京城洛阳，仕途受阻长达十年之久。不知当写作《晋书》的房玄龄行文至此，写出“岳才名冠世，为众所疾，遂栖迟十年”的句子时，心中是庆幸还是惋惜？

离开京城的时候，潘安怅然若失。

与狼共舞的岁月

此后潘安赋闲十年，一直等到司马炎去世，其傻儿子司马衷继位，潘安才东山再起，在三十岁那年被任命为河阳（今河南孟州市）县令。潘安在任上为官清正，不过十年赋闲并没有让他的政治觉悟有多少长进，这从他在河阳高调筹划的“桃色运动”可见一斑。

为了吸引高层注意，潘安下令以桃花为河阳“县花”，并发潘县长一号令，要将桃花在全县栽种。顿时河阳风景大变，随时出门都可见到去栽桃树的百姓扛着锄头，就像如今出门，随地都可见到男女老少抱着手机一样。而此后每到春来，轻风细雨甫一滋润，河阳便万花齐放，蜂蝶成群，漫山遍野一片桃红，史称“桃色运动”，潘县长因此成为中国最早的花样美男。

也许是花样县令美名远播，也许是“桃色运动”果然吸引了高层注意，公元296年，五十一岁的潘安终被调回首都洛阳，做了京官。昔日翩翩少年如今鬓发花白，饱尝宦海艰辛，更加信服“朝里无人难做官，不靠大树怎乘凉”的真理，乃投靠当时权倾朝野的贾谧，并成了贾谧著名的“二十四友”之一，将昔日拍马屁功夫发扬光大。富豪石崇亦名列其中。潘石二人遂时常守在贾谧门口，一到贾谧出门，看见门口有尘土扬起便开始下拜，留下“望尘而拜”的著名典故。这等谄媚之态连几百年后的唐朝人都看不下去，房玄龄在《潘岳传》中写道：“岳性轻躁，趋世利，与石崇等谄事贾谧，每候其出，与崇辄望尘而拜。”

谈到石崇，还有需要补充的地方。相较于跟潘安一起蹲在贾谧门口拜灰尘，此君更为知名的事迹乃是与晋武帝的舅父王恺斗富。石崇之父石苞在晋武帝时曾官至大司马，在西晋初年的富豪排行榜上名列榜首。虽然石苞临死时将自己的财物分给诸子，偏偏对最小的儿子石崇不分一文，但石崇任荆州刺史期间，却通过“劫远使商客，致富不赀”的手段积累了万贯家财，对蝉联福布斯榜首信心倍增。不料在当年的富豪排行榜上，石崇却仅在王恺之后，名列次席。石崇大为不满，与王恺相约斗富，誓要夺回排名。王恺饭后用糖水洗锅，石崇便拿蜡烛当柴烧；王恺以紫缎设四十里步障，石崇便用紫锦做五十里；王恺用赤石脂涂墙，石崇便用花椒。

晋武帝觉得有趣，决定暗中帮助自己的舅舅，遂赐他珊瑚树一株，高约二尺，枝柯扶疏，世所罕比。王恺用这株珊瑚树向石崇炫耀，不料石崇挥起铁如意将其打得粉碎，对心疼不已的王恺哈哈一笑：别心疼了，你这树都是玻璃碴子做的吧，我昨天在地摊上看到差不多的一棵，价钱不比一个馒头更贵。说着便命左右取来六七株珊瑚树，皆高三四尺，光耀如日。王恺抚然自失，自认富不及石崇，次日在《福布斯》杂志发布通告，认为先前排名有误，石崇才是当今富豪第一人。

潘安之母对石崇事迹略有所知，见儿子跟他一起如此趋炎附势，不由忧心如焚，常提醒他应尽早悬崖勒马，远离政治是非，告诫“尔当知足”。可此时潘安正沉浸于官场的春风得意之中，哪里顾得上母亲的劝告，仍与石崇一起在贾谧门口蹲得不亦乐乎，不久变本加厉，竟亲自参与了罢免太子的阴谋。

其时当权的丑皇后贾南风是贾谧的姑姑，贾南风无子，打算除掉非她所生的愍怀太子司马遹，就让潘安写了一封反书，再以晋惠帝患病为名，将太子骗至别室逼其饮酒，趁他酒醉时命其抄写潘安那封早就拟定的反书。太子稀里糊涂抄完这份潘安为他量身定做的催命符后，马上被“总导演”贾后告发。纵傻笨如司马衷者，看到这样的反书也动了雷霆之怒，立刻将太子废为庶民。鹰犬一般的潘安用他的才华和无耻的效忠，在废太子一事中立下头功。

可惜潘安没有听过这样一句话：站错了队是最大的犯错。人算不如天算，潘安便是这个站错了队的牺牲品。废太子事件发生之前贾南风便与楚王司马玮合谋发动政变，杀死掌管朝政的杨骏，揭开了八王之乱的序幕。不过很明显贾后驾驭全局的能力偏弱，刚一登场便宣告落幕，在设计除掉司马玮、废掉太子司马遹后不久，就被赵王司马伦举兵攻打，贾氏一族被一网打尽。不巧的是，新当政者司马伦的亲信孙秀与潘安素有过节，“孙秀为小史给岳……岳恶其为人，数挞辱之，秀常衔忿”，孙秀趁淮南王司马允发动兵变失败之机，诬告潘安乃司马允同伙，以谋反罪夷灭潘氏三族。

要听妈妈的话

公元300年，帅哥潘安迎来了生命中最后一次出游，不过这次乘坐的是囚车，陪游的乃是自己的父母、兄弟以及侄子侄女——都被装在囚车之中。一样的争相围观，一样的万人空巷，不同的是再没了满车的水果和满街投着艳羡目光的人群。潘安抬头望天，却只看到满天雾霾，世界一片灰暗，不禁感慨道：这PM2.5值似乎又超标了啊！叹息未毕，几粒沙子咯嘣掉进嘴里。

潘安环顾左右，看到白发苍苍的母亲也戴着枷锁即将和自己一起引颈就戮时，之前母亲让自己不要趋炎附势的谆谆劝告浮现眼前，潘安心中顿生伤感，流泪对母亲磕头作别：儿子辜负了母亲啊！一句惨痛的“负阿母！”大约是潘安对悔不听母教诲的最后检讨了。

令潘安没有想到的是，自己的好友石崇倒是跟自己完全同呼吸共命运，石崇也因为得罪了孙秀而被安上谋反的罪名，并于同日问斩。这位昔日闻名天下的大富豪如今披头散发地跪在行刑台前，手里拿着半截刚从日本料理店买来咬了一半的米饭腌鱼。俩人对视一下，同时以不可思议的口吻惊呼：原来你也在这里！

随后两人一同回忆了昔日蹲在贾谧门口静待灰尘扬起的难忘岁月，共同表达了对孙秀这个得志小人的鄙夷之情，一番唏嘘之后，潘安自我解嘲道：今天我们哥俩可真做到白首同所归了啊。原来，昔日“二十四友”开派对时潘安曾有一诗赠石崇，中有“投分寄石友，白首同所归”两句——潘安本想表达两人友情笃深，日后当一起终老田园，孰料一语成谶，只是如今两人白首同归的不是田园而是刑场罢了。

刽子手大刀抡起，潘安石崇人头落地，溅起的鲜血洒在公元300年一个不知名菜市场的墙上，形状像极了当年贾谧临出门时扬起的灰尘。

据野史记载，巨富石崇被处斩前曾惨遭抄家，家中资财被抢掠一空，唯有一只大保险柜久不能开，孙秀派来的人里有一识货者道：此乃声控锁，密码多用八个字。于是抄家官员轮流猜试：荆州石崇，富甲天下；人不为己，天诛地灭；王恺斗富，以卵击石……但均不灵。无奈押石崇至此，石崇清清嗓子，对保险柜喊道：清正廉洁，两袖清风！

柜门应声而开！

需要说明的是，石崇临刑前并未和潘安谈到此事，因此作者并不能对这条记载的真实性负责。

陈 平

流泪的仕途

北宋靖康元年，南下侵宋的金军将领完颜宗望和宗翰率两路大军合围开封城，宋钦宗赵桓下令各路军队进京勤王，却仅有一支部队经过苦战进入开封城，其他部队无一到达。钦宗一筹莫展，眼看城破在即，有人向其推荐善于“使神役鬼”，有“移山倒海、撒豆成兵、隐形潜身”之能力的天师郭京，钦宗大喜过望。郭京果然不负厚爱，在一个大风雪的早上于开封城头大作法事攻击金军，使用的工具是一桶桶的粪水，具体方式是将之向城下金军泼去。眼巴巴等着好消息的钦宗最终与父亲一起迎来了受俘北上的艰难岁月，与之同时，“靖康之变”已成为汉人心中无法洗刷的耻辱。

跟郭京相比，与刘邦并肩战斗多年的陈平也有过孤身大退敌兵的经验，不过他的道具比郭京的大粪显得高明很多。当晚年已经官至宰相的陈平，在治理这个古往今来都堪称最伟大王朝的大汉帝国之余，这位须发皆白的老帅哥总是情不自禁地回忆起自己和刘邦被匈奴人围困在白登的冰天雪地里的狼狈情景，而当想到最后居然是靠承诺送出美女才得以全身而退时，他总是忍不住感叹：原来长得好看是可以退敌的啊。

公元前200年，匈奴挥师南下，刘邦亲率大军迎敌，却由于轻敌冒进而被匈奴大军围困于白登。就在汉军内无粮草、外无援兵、数次突围均告失败只好混吃等死时，陈平苦思之下献计于刘邦，请使者求见冒顿单于的阏氏（皇后），献上厚礼之外还送去一幅绝色美女的画像，告诉阏氏：如果匈奴不退兵，我们就将画上这个美女献给单于。阏氏一看失宠在即，立刻以实际行动证明了吃醋的女人智商为零的真理，马上请求单于退兵，汉军乃得以退还，日后与匈奴和亲以求平安。

败退的刘邦每每念及领土被占，总会满腔怒火：冒顿太欺负人了，我堂堂大汉居然要靠和亲而求太平！陈平，有什么办法可以告知天下人这白登仍在我汉朝手里？陈平听罢，微微一笑，吐出四字：天气预报。

原来我才是你的白马王子

年轻时的陈平却很难认同“帅也是生产力”这个结论，他不但因为太帅而娶不到老婆，找不到工作，甚至差点因为太帅而丢掉性命。据司马迁记载，青年陈平“为人长美色”，即身材高大，相貌堂堂；日后更借周勃、灌婴之口称赞之“美丈夫”，也可算是秦楚之际赫赫有名的帅哥了。不过英俊清爽的外貌不但没为陈平的履历增添光彩，反而让他留下与嫂子私通的恶名，很快变成一名光荣的剩男。

陈平生于战国之末的魏国阳武县，陈平出生时，适逢大秦已经崛起，关东六国背负强大压力，魏国的青年人不满于祖国对外软弱，天天讨论“若是秦魏开战，究竟谁会打赢”。争执中分成两派，一派取名“永远忠于魏王假”，另一派则是“无限忠于魏王假”，互相口诛笔伐。

就在两派正闹得不可开交，还来不及分出胜负的时候，秦将王贲便于前225年率军打来。魏军稍事抵抗，便被秦人引黄河之水倒灌都城大梁（今开封），水淹三月，城池塌陷，魏王假被俘，魏国遂灭。

面对这样的混乱局势，有人选择了哭天抢地，有人选择了以死殉国，更多青年选择了加入还未被秦灭掉的楚燕齐三国，继续与秦军战斗在一线。不过陈平抖了抖身上的土，做出了一个艰难的决定，“为魏国之再崛起而读书”，从此手不释卷，日日刻苦攻读不止。

陈平父母早逝，少年时便跟随其兄陈伯与大嫂生活。陈伯辛苦耕种三十亩田地，不过由于阳武县地属今天的兰考，不但不是一个鱼米之乡，甚至直到20世纪中叶仍是内涝、风沙、盐碱三害肆虐之地，面对这样的恶劣条件，别说动物难以生存，就连植物都几乎无法进行蒸腾作用。陈伯没能掌握防风沙技术，三十亩地种下来累得吐血，产量却是有限得很，一家人的生活日渐捉襟见肘。陈平虽然面容俊美，却从来不下地帮忙，每日生活可基本分为静态和动态两种，其中静态乃是读书，动态便是吃饭。

嫂子的怨言逐渐多了起来。某日有邻居好奇地问陈嫂：你家那么穷，陈平吃什么能长这么帅啊？嫂子不满道：也就是吃吃糟糠咸菜罢了，唉，你不知道这小叔子多懒，天天只会抱着个书死读——有这样的小叔子，还不如没有。消息很快传到陈伯耳中，陈伯认为女人怎么能这么不贤惠，背后议论自己的小叔子呢，遂把妻子叫来教训一番，休了。

虽然1200年后的宋真宗赵恒为了鼓励百姓读书而写下“书中自有黄金屋，书中自有颜如玉”的励志诗句，但陈平却没在书中找到颜如玉，到了娶妻之年反倒因为没人愿意把女儿嫁给他而发愁。

最终陈平看上了当地一个富人张负的孙女，她曾经嫁人五次，蹊跷的是五任丈夫都在婚后不久死去，因此无人敢娶。饶是如此，陈平的求亲也被张家拒绝，理由还是因为太穷。好在张负下决心道：哪有像陈平这样仪表堂堂的人会一辈子受穷？这年轻人很明显是个潜力股嘛！最终拍板再嫁孙女，还帮陈平把办酒席的钱一起出了。而从随后的经历来看，张氏女第六任丈夫终于打破婚后很快死去的宿命，而陈平终有机会在妻子面前总结陈词：原来我才是你的白马王子。

婚后的陈平家境日渐宽裕，交游也越来越广，生活品质自不待言，社会地位亦是大幅提高，晚年的陈平每每向年轻人提及这段经历，都会告诉他们面对娶妻之事不可鲁莽，毕竟知识不一定能改变命运，老婆却能。

流泪的仕途

娶妻之后物质条件得到改善、吃穿不愁的陈平被乡亲们推为社宰，干了一份在祭祀社神时为大家分肉的工作。陈平对这份来之不易的工作十分珍惜，在此岗位上干得兢兢业业，分肉时极为耐心细致，一块块切得十分均匀，使得兰考人民群众赞扬有加，甚至被评为劳动模范。陈平从中得到了极大的快感，在当天的日记上写下这样的文字：嗟乎！若是我陈平能有机会治理天下，一定像今天分肉一样公平！

然而不久，陈平平静的生活就因为秦始皇的驾崩、陈胜吴广揭竿而起、大秦帝国轰然崩溃而顿起波澜。很快陈胜在陈县称王，派周市平定魏地并立原魏国王室魏咎为魏王，消息传到阳武，陈平惊喜交加，顿觉昔日“为魏国之再崛起而读书”的梦想近在眼前，于是立刻投奔魏咎。

但是陈平的仕途远非一帆风顺，甚至很多次他回忆起过去来都有泪流满面的感觉。一般而言，长得帅的男人总容易让人觉得“金玉其外败絮其中”——很不巧，魏咎也是这么想的。面对前来投奔的陈平，魏王咎稍加考虑便给了他一个太仆的职位，这个岗位的主要职责是掌管魏王车马，功能与孙悟空当年的弼马温约略相似。尽管与自己的职业规划不符，陈平仍以早年分肉的经历鼓励自己，认为平凡的岗位也是能做出不平凡的成绩的，只要自己勤勤恳恳，总会成为未来魏帝国的一颗螺丝钉。于是每见魏咎，陈平都会提出一些关于治理国家的合理化建议，但魏咎的回答却总是“好好看管你的马匹吧”。

陈平思来想去，认为自己不过帅了一点，何以招致偏见，觉得跟着魏咎前途不大，于是愤而离军出走。

不久项羽率楚军北上救赵掠地至黄河，正在黄河一带游荡的无业游民陈平闻讯，顿觉自己的春天到来，于是迅速赶往投奔，跟从项羽军北上击败章邯，并因在战斗中有功而受赐爵卿。就在陈平认为自己的仕途得到改观，从此可以大展拳脚的时候，他又一次体会到了流泪的感觉，他因在项羽分封天下后攻打殷王司马印不力而被项羽派兵追杀，好在项羽派来的使者跟自己关系好，偷偷让他赶紧逃命。

陈平大惊，无奈之下再次孤身逃走。如今天下虽大，值得投奔者却也不多，与项羽共分天下的十八诸侯，减掉胸无大志的，减掉早晚会被项羽灭掉的，自己能投靠的也只有刘邦了。公元前205年的春夏之交，陈平在略带着寒气的夜里奔走在故魏国的山间草地，仓皇逃命间抬头看一眼扑朔迷离的夜空，叹息道：不就是长得帅了一点吗，何至于连一份稳定的工作也找不到呢？

陈平因为外貌带来的倒霉并没有到此结束。投奔刘邦之后陈平被任命为参乘，却很快遭人谗言：陈平这个美男子，简直像装饰在帽子上的美玉，只是好看而已，肚子里未必有真东西。他先后投奔魏王、楚王，都因为工作干不好而被辞退，不得已才投奔汉王。这样的人怕是不能被重用吧？

好在刘邦虽对谗言半信半疑，却很快亲自找到陈平以了解情况。得知实情后任命陈平为护军中尉，日后“六出奇计”，为楚汉相争立下汗马功劳。

看什么看，没见过裸男？

在陈平遭受项羽通缉而打算投奔汉军的时候，他甚至还差点因为长得帅而丢掉性命。

当时陈平急着过黄河，见岸边有船，没有太多考虑便爬了上去，命令船夫开船。划至河心，陈平看情况似有不对，船夫们并不专心划船，而是互相打眼色，不断向陈平扫视。原来他们觉得陈平衣着光鲜，长得又帅，必定是一个有油水可捞的逃将，贼心顿起。

那一瞬间陈平的心里满是绝望。

不难设想这样一幅图景：一叶扁舟漂飞在滚滚黄河水上，天地苍茫，无所依凭，唯有船上几个美丑如此分明的男人莫名对峙。船越来越靠近江心，船夫每轻轻地摇一次船桨，陈平都感觉距离自己变成喂鱼的肥料又近了一分。

不过急中生智的陈平还是想到一招救命之术，他立刻脱下衣服，光着膀子帮船夫划船，还故意露出腰间半截破棉絮。船夫一看这不是活生生地诠释“金玉其外败絮其中”么，于是收起贼心，好奇地继续盯着陈平观看。陈平恼道：看了半天还不够，难道没见过裸男吗？船夫亦恼道：我看你从哪儿掏钱！

不过最终船夫还是将陈平送到了对岸，也让他以近乎“裸奔”的姿态，来到刘邦营中。日后回忆起这段不堪回首的经历，陈平总是说：关键时刻的一脱，还真能解决问题！

我不是教你诈

秦末汉初没有狗仔队，所以陈平身上不曾发生他的本家陈冠希那样曲折的故事，但不论古今，男人一旦长得太帅，就容易与女人扯上关系。事实上陈平身上的绯闻也不少。投奔刘邦之后被人批评为装饰在帽子上的美玉之后，又一个极为不利的传言开始流传，称其少年时曾与嫂子私通。

陈平与嫂子不和并因此被休的事早已广为人知，但此时流言的传播还是让陈平吃了一惊。时至两千年后的今天，“陈平盗嫂”的故事仍有市场，真切地诠释了什么叫做众口铄金。

但除此之外，陈平与女人的关系便显得微妙多了，也可以说他善于做妇女思想工作，并以此成就他的功名，圆满他的传说。史书上讲陈平六出奇计，其中有两次计谋，都与他“诱导”女性脱不开干系。

第一次是汉三年（公元前204年）五月，项羽急围荥阳，汉军兵弱，又面临绝粮困境，刘邦危在旦夕。为了帮助汉王脱离险境，陈平命两千名女子披甲持戈，扮成士兵拥着假扮汉王的纪信出城东门诈降项羽。楚军信以为真，高呼万岁，纷纷涌向东城受降，陈平则护送刘邦趁着忙乱从西门脱逃。能快速有效地组织出两千名妇女当托，肯定与陈平的帅与个人魅力是分不开的。

另一次与女性有关的“奇计”则是本篇最初提到的陈平走“夫人路线”贿赂单于阏氏，得以巧解白登之围。阏氏在收到重金与美女的画像之后，因担心单于得了美女致自己失宠，于是请求单于退兵。陈平利用女人的善妒心理得以使汉军脱身，也从另一方面说明了陈平对女性心理的了解和把握。不愧为一代帅哥啊！

晚年的陈平因功而官居要职，于惠帝、吕后、文帝三代为相，更被司马迁评为“安宗庙，定社稷”之士，全无早年因太帅而屡陷逆境的经历。遍数二十四史，帅哥能坐到此等高位的，不过诸葛亮、张居正等寥寥数人。

子 都

谁说美男不会“暗箭伤人”

春秋战国时期的布拉德·皮特

放下手中由上等拓木制造而成的弓箭，公孙子都闭着眼睛都知道刚才射出的五箭肯定箭箭命中靶心。边上一同在比试的同伴们情不自禁地发出连连赞叹，大声呼喊着“公孙兄箭术神乎其神”，“子都德艺双馨，才貌双全”，“子都真乃神人也”之类的话。他虽然隐隐觉得好像有些形容词不大对劲，但还是一脸享受地应承下所有的赞扬，然后在享受充分之后，一挥手，装出谦逊的模样让周边的同伴们停止越来越不着调的追捧。

子都完全有理由骄傲，他二十多岁就官拜公族大夫，文治武功无不出类拔萃，更为难得的是，他还长着一副超凡脱俗的俊俏容颜。虽然史书上并未给我们详细描述子都的长相，但根据后世人们对于公孙子都的追捧，我们不难想象这位力压共叔段、宋文公的春秋第一美男一定是面如冠玉、目如朗星、朱唇皓齿、宛转蛾眉，除此之外还有一身因为常年在家举鼎而练出的肌肉——尽管跟相貌有点不搭——仿佛是当代明星谢霆锋、吴彦祖、施瓦辛格的优点综合体，集俊朗、阴柔、典雅和霸气于一身。这样的偶像没有道理不被万千百姓所崇拜，《诗经》中便记载了一首当时歌颂子都美貌的歌谣“太阳下山明早依旧爬上来，花儿谢了明年还是一样的开，我的子都一去无影踪，为何是你这个丑男走出来”。（“山有扶苏，隰有荷华。不见子都，乃见狂且。”）。直接把子都等同于维纳斯，让他充当了一把美神的代言人。甚至连三百多年后的亚圣大人孟子，都对子都的美貌神往不已，叹道为人不知子都是美男，就算看遍帅哥也枉然。（《孟子·告子上》：“至于子都，天下莫不知其姣也。不知子都之姣者，无目者也。”）

然而，如同后世一位叫布拉德·皮特的好莱坞巨星一样，在绝世美貌之下，子都也有着自己的忧愁，与前者因为帅得让人难以专注于他的演技从而无法拿到奥斯卡奖的境遇相同，子都也因为民间只知道自己是个绝世大帅哥却不知晓自己的文韬武略而苦恼。于是，子都开始默默蓄力，等待着一个可以让他摆脱花瓶称号、成为历史上一颗璀璨军事政治双料新星的机会。

事实上，古今中外一直有无数英才都在等着扬名立万的机会降临。齐白石五十六岁转变画风后才声名大振，姜子牙七十二岁才下山辅佐周室，还有很多诸如梵高之类巨匠等到白了头、丧了命都没等到那个机会。

幸运的是，子都生活在春秋争霸的年代，很快他就碰到了这样的机会。

古代的追及问题

鲁隐公十一年，也就是公元前712年，郑庄公以许国不听周天子号令为由，谋划叫上齐国、鲁国联合攻打许国，相约谁先攻陷许国都城，谁就有权分割许国土地。可是打仗总是需要先锋的，对于身在郑国的子都来说，当上讨伐军的先锋无疑是个立身扬名的机会。然而，抱着这样想法的人太多了，郑庄公收到的请缨简堆了整整一个房间，郑庄公一直自诩自己执政公平、公正、公开，此时自然不愿落下话柄，思前想后之下郑庄公想到了个好点子：选拔。

选票自然是不用的，总不能拿个木片写上候选人的名字吧——郑庄公请人定制了一根三丈三尺高的旗杆（约为11米）与一面大旗，旗面长宽均为一丈二（约为4米），然后将它插在了一辆被称为郑国版劳斯莱斯的“车霸”上，称谁能拿着它行走如常，就命他为讨伐军先锋。

得知这个竞选考题后，子都笑了。原因很简单，因为他除了是个射术大师以外，还是一个健身爱好者，平常一直在坚持负重训练；家里虽没有哑铃杠铃之类的器具，但他没事时候就喜欢在家里举个大鼎玩，这次拿个旗子还不是轻而易举。于是，等到了正式选拔那天，子都信心满满地站在场上，却不急着上前去试，而是饶有兴致地看着其他上前的参赛者落败，想象着自己压轴出场，技惊四座的得意场景。

大将瑕叔盈先登场，只见他用力拔下大旗，使出吃奶的力气拿着它前后各走了三步，随后喘着粗气将其放回“车霸”上，子都悬着的心终于落下，心中暗道：还好还好，这点水平对我还构不成威胁。可一波刚平，一波又起，大夫颍考叔随后也登场参赛了。但见考叔走到校场中央，一跃便到了车上，使出一招不单鲁智深才会的倒拔垂杨柳，一下子就把旗杆从车上拔了下来。不但如此，考叔还单手提着旗子上下舞动起来，雄浑之气挥洒自如，引得四周掌声一片。

这下子都待不住了，再这么下去，自己这个压轴还没出场，先锋的位置就要被考叔抢走了，不行，得赶紧出手。子都心念一转，立刻行动起来，一个鹞子翻身便到了考叔身旁，对着主席台郑庄公的位置一举手说：报告，下官也想试试。

郑庄公自然没有什么意见，他搞这场选拔的本意正是在此。不过考叔在这个时候却不愿意让子都亮这一手，作为“黄泉相见”的缔造者（郑庄公的母亲因为想联手郑庄公的弟弟造反而被郑庄公关押，郑庄公怒而发誓“不到黄泉不相见”，可是这与孝道不符，所以考叔给郑庄公想了个法子，修了一条取名为“黄泉”的地道直通关押母亲的地方，这样又不违背郑庄公之前的许诺，又能让郑庄公见到母亲），颍考叔一直被人认为是实力和马屁并存的强悍存在。情商智商都极高的他明白要是这次让子都上场，凭子都的实力，自己还搞什么啊。稍加思索，考叔就做出了自己的决定，他一把抓过“车霸”上的车辕，夹着旗子就往远处跑，考叔的心理很简单，只要把生米煮成熟饭，没办法让子都表现，自己便当上了先锋，丢这点脸面算什么。

颍考叔的这一举动，惊呆了校场上的所有人，连子都都被整蒙了，心想：天哪，这算哪门子的事儿啊，光天化日，朗朗乾坤，还带这么明目张胆耍赖的？但看主席台上没人表态，子都只能忿忿不平地抄起一把长戟拔腿朝考叔追去。

于是，发生在春秋时期的著名追及问题诞生了。当时考叔位于子都前方二十米处，由于手持旗子和车辕，奔跑时速远逊于子都，可是根据史料记载，子都到最后都没有追上考叔。分析原因，我们只能根据若干年以后希腊数学家芝诺提出的阿基里斯和乌龟的悖论来解释这一现象。

芝诺的结论是，人永远追不上乌龟。他认为，人的速度尽管是乌龟的10倍，但由于乌龟在前100米，当追者追到100米处时，乌龟又向前爬了10米；追完这10米，乌龟又前进1米，只要这个过程一直进行，人就永远也追不上乌龟。

把这个模型中的乌龟和人分别换成考叔和子都，悖论便宣告成立，因此作者极度怀疑写出《左传》的左丘明，除了研究史学，同时也是一个数学爱好者。

暗箭伤人的肌肉男

不管当时到底发生了什么事，但有一点是可以肯定的，那就是子都很生气，后果很严重。尤其是当考叔被任命为先锋后对着子都笑着说“承让，承让”时，子都瞬间把考叔的名字拉到了自己心目中黑名单的首位，原本星辰般闪耀的双眸都迸发出滔天的仇恨。而正是这仇恨，直接导致了几个月后的事件发生。

同年七月，郑、齐、鲁三国正式伐许。许国只坚持了四天，就被三国联军击溃。在攻城战役中，先锋考叔在后排官兵的掩护下力拔头筹，率先登上了许国的城墙，并得意地摇起了郑国的大旗。考叔这一摇旗不打紧，正巧被正在奋勇杀敌的神箭手子都看到了，一想起当初这个恬不知耻的家伙从自己手里抢走了先锋位置时也是如此耀武扬威地挥动旗帜，而现在又抛下他们这些中流砥柱，一个人去抢功劳，顿时旧仇新恨涌心头。子都悄悄将光滑的玉手挪动些许，把射杀目标偷偷换成了城墙上的考叔，两支控弦的修长手指轻轻一松，“嗖”的一记破空声，考叔应声栽下城头。

用这样的叙述方式记录当时的场景，现在看上去也许有些简单和草率，照理说考叔中箭时的惨烈场面，还有他坠楼时的围观群众的面部特写都是值得大书特书的，可我甚至连子都射箭前的心理变化都只是简单推测了一下而已。原因很简单，一方面是因为在当时战争还在继续的大氛围下，死伤是难免的，就算是先锋大将被敌方射杀，只要攻势依旧也不会造成太大的影响；而另一方面则更加悲催，因为无论是在《左传》还是《东周列国志》中，它们都以类似“子都射了，考叔挂了”这样极其简单的话语总结这场内鬼的暗杀。《左传》的记载甚至可以不加修改直接写入《笑林广记》，因为它本身就像是在讲一个笑话——“子都自下射之，颠。”

但不管历史重不重视，子都这一箭无疑射得是相当漂亮，相当隐蔽的。考叔倒下的同时，便开始有士兵高喊：不好了，领导被敌人射中了。而与此同时，在许国的阵营里，也同时传来了很多个“我射的，我射的”的声音。在这一片混乱中，谁都没发现暗箭伤人的真正凶手，正是人群中一脸苍白的美男公孙子都。

帅哥的非正常发疯

如同现今法制节目中报道的大多数犯罪分子一样，子都在杀了考叔以后便一直处于惶恐的状态，尤其是考叔的尸体被验尸官检查后发现伤口在背部，推测应该是自己人所为之后。而祸不单行的是，郑庄公也不知道是哪个神经搭错，居然指定把考叔的妹妹嫁给子都。这下，子都彻底失眠了，每天在床上整宿整宿地翻来覆去，就算背对着考叔的妹妹，也仍然觉得身后有双眼睛在盯着自己。再加上向来相信神佛之道的郑庄公请了大帮巫师祭祀在宫中作法，以猪、狗、鸡作为祭品，诅咒那个害死考叔的凶手，这更让子都心神不宁，疑神疑鬼，甚至都出现了幻觉，原本一头乌黑的秀发也开始大把大把地往下掉，春秋第一美男的风采渐渐不复存在。

子都用血一般的事实向世人证明，如果你没有《沉默的羔羊》中汉尼拔这样过硬到变态的心理素质，千万不要从事犯罪活动——因为巫师祭祀做法后的第三天，子都疯了。

那一天，正好是祭奠考叔的日子，郑庄公带着文武百官来缅怀这个曾经拍马屁拍得自己很爽的功臣。正当郑庄公宣读完悼词时，一个蓬头垢面的男子摇摆着身体走到郑庄公面前。郑庄公大惊失色，第一个念头是有刺客，可是一想到有一个排的高手隐藏在自己四周，安全绝对没问题，于是另一个念头兴起：这个人难道是有冤情来上访的？一定是这样！郑庄公想到这，便镇定了很多，摆出一副大国国君的模样，朗声对着来者问道：你为什么私自闯入考叔的祭悼会，是有什么隐情吗？

来人在摇晃几下后站定，对着郑庄公突然下跪痛哭了起来，一边哭还一边颤抖着说：微臣就是考叔，那天我先登上了许城，却被子都这个挨千刀的背后施冷箭射死。多亏了庄公您为我做了法事，让我可以请到大神之命，下来向子都索命。说完，“唰”的一声从腰间拔出一把宝剑，对着脖子一抹就自杀身亡。

郑庄公愣住了，脑袋里简直装满了十万个为什么，来人平白无故说了一堆话，就在自己面前自杀了，难道是邪教组织成员吗？直到亲卫兵上前拨开此人的乱发，郑庄公这才发现原来此人正是子都，再根据之前所有的事，真相终于浮出水面。

可怜一代传奇美男，终因一念之差，落得香消玉殒，唯有《诗经》中“山有扶苏，隰有荷华；不见子都，乃见狂且”的句子，向今人诉说着这个传奇帅哥的些许陈年旧事。

卫 玠

我真的不想靠脸吃饭

一个偶像的诞生往往伴随着另一个偶像的消亡。

公元312年，当被西方称为“千古一帝”的君士坦丁一世高高举起腰间的佩剑，宣布基督教为罗马帝国正式宗教时，在遥远而又神秘的东方国度，当世第一美男卫玠望着眼前乱成一团的围观群众，突然感到头昏目眩，随即颓然倒地，昏迷不醒。

卫玠原本有一个数目庞大的粉丝团，用如今的命名规则来看应当叫做“亲卫队”，专门负责在游行时候打击那些认为卫玠不帅的人。但此时亲卫队员们却无暇顾及自己的偶像，他们提着棍子在建康城里最大的街道上打砸正欢呢。当大家激情散尽，终于停下来看一眼自己的偶像的时候，才发现被太阳晒久的卫玠原来也不是很白，于是在不知是谁的建议下一哄而散。

一千七百年前的饥饿营销

这一切都得追溯到卫玠五岁那年。时为公元291年，轰轰烈烈延续了十六年之久的“八王之乱”刚刚拉开大幕，缔造这场乱世的主角配角们正鱼贯出场。其时贾后乱政，赵王伦发兵进攻洛阳，斩杀贾后党羽，旋即赵王伦又被齐王冏、河间王司马颙、成都王司马颖共同起兵诛杀，随后三王之间又发生内讧。往往前一天还大权在握者，第二天便已作古，首都大墙上的巨幅画像都来不及拆除。

在政权不稳的状态下，民众虽然并不在意高堂之上坐的是谁，依旧农作劳动，但心中难免有些隐隐的危机感，生怕哪天游行抗议时叫错执政者的名字，引来同伴的嘲笑是小，以大不敬罪名被抓起来就不妙了。所以日不能思，夜不能寐，惶惶不可终日，出门见人后的第一句话往往不是问“今天吃了吗？”而是“今天谁上台了？”

面对这样混乱的局面，有些人看到的是战火的无情，有些人看到的是可以囤居积奇的商机，而卫玠的爷爷，魏国著名的儒将卫瓘，却觉得这是个制造偶像的好机会。在这个信仰缺失的时代，一个资质不错的人，只要加上一点点包装和宣传，就能够打造出一个全民偶像。于是，当卫瓘透过书房的窗户，看到院子里自己年仅五岁的孙子卫玠正在母亲的教导下，奶声奶气地学着各种礼节的时候，他突然觉得万事俱备。

在卫玠五岁的这一年里，卫瓘只做了两件事。第一件事是，他对卫玠下了禁足令，只准他在府邸里学习嬉戏。第二件事则是逢人就赞誉卫玠，以致在《晋书·卫玠传》中留下他常一脸哀伤地感叹“此儿有异于众，奈吾已老，不能见其长成耳！”的记载，就差幽怨地对对方说“你们真有福气，这么年轻就有机会认识我孙子了”。

慢慢地，卫瓘这些安排发挥出了连他自己都有些意外的效果。由于从来没人见过卫玠的真面目，在卫瓘的反复赞扬下，群众对于他的兴趣越来越大。尤其是在民间口口相传的扭曲下，市面上一度出现数个关于卫玠长相的版本，人们的好奇心被撩拨得愈加火热。

我们有理由怀疑卫瓘年轻时候曾经研习《市场营销学》，因为纵然从专业角度来看，卫瓘的这一系列行为也足以被称为饥饿营销的典型案例。一千八百多年后，一个名叫乔布斯的美国人将这一套路发扬光大，于是深得饥饿营销之益的苹果公司，大有赶超微软市值的趋势。

我相信若是时日尚多，卫瓘接下来想出来的营销手段说不定会让卫玠和他的小伙伴都惊呆了，不幸的是老将军就在这一年为贾后所杀，卫版的《市场营销学》因此少了不少经典案例；幸运的是卫家在随后数年全面贯彻了卫瓘的饥饿营销方针，卫玠的名号依旧愈来愈响。

绝世帅哥的处女秀

有了如此优秀的铺垫，卫玠的第一次正式登场就显得尤为关键。深谙市场营销之道的卫家没有理由不懂得宣传的重要性，于是在通过各种渠道将卫玠即将巡城的消息散布到街头巷尾之后，还精心为卫玠选择了巡城的交通工具：羊车。大约卫家认为，只有用毛色洁白如斯的白羊，才会跟因少经日晒而肤色洁白如玉的卫玠交相辉映不致黯然失色。

需要说明的是，晋朝人的审美与今天略有区别，帅呆了的偶像们普遍女性化，容貌秀丽，皮肤白皙，身材高挑；虽然周润发高仓健这样善于耍酷的坚毅形象在20世纪80年代吸引了不少人的眼球，但他们在晋朝很可能是吃不开的，在见到卫玠的时候只能充当围观群众。

《卫玠传》用简洁到极致的语言记录了这次巡城："总角乘羊车入市，见者皆以为玉人，观之者倾都。"古代儿童喜欢束发为两结，向上分开，形状如角，所以叫总角，当然这里指的是年幼的卫玠。这次声势浩大的巡城当发生在公元300年前后，但《晋书》中如上区区二十字的记录，显然不能描述当日的盛况，事实上，那天的情景应该是这样：

当卫玠乘着羊车，从卫府驶出的消息传出的时候，整个洛阳城顷刻间都轰动了。人们纷纷停下了手边的活，甚至有的还没放下手边的家伙就冲了出去。当日的情景堪称大观：万里无云，艳阳高照，突然传来雷鸣般的脚步声，由远及近，随后一大堆人马从各个小弄堂里杀出，为首的自然是那些都来不及搽脂抹粉，只勾了两道眉的姑娘，紧随其后的则是一大堆奇葩，有挑着担子卖炊饼的矮子，有拿着菜刀杀气腾腾的屠夫，有剃头刚剃了一半的小子，连平常摆摊算命的瞎子都拄着导盲杖嚷着"借过，借过"往前凑。但更多的百姓则是毫不知情，只是看到浩浩荡荡的人流向前驶去，本能地产生了附和的心态，直到随人群站定在大街两侧时，才发现自己身边早已汇成了人流的海洋。

忽然，人群喧闹了起来。循着喧闹的人声看去，大家都把目光聚集在了一起。四只洁白如雪的羊正拉着一个同样肤色洁白的翩翩美少年徐徐而来，此人正是卫玠。由于长年禁足在家而少曝晒于外，卫玠冰肌雪肤，吹弹可破，连一身素白雅致的袍子都似乎被反衬出了几丝灰色。再细看他的脸，眉目如画，明眸皓齿，五官精致得几乎绝了人间的烟火。

阳光洒在卫玠的身上，绽放出闪烁的光芒，照得整个人晶莹剔透。前排的百姓忍不住大喊起来：哇，好一个璧人儿啊。喊着喊着，声势陡然浩大了起来，成了声浪般群情响应，此起彼伏，直到后排一个杀猪般的喊声响起：哎呀！谁踩了老子的脚？！

故事讲到这，我们已经可以预见，一场追逐偶像的风暴即将席卷整个国家。

没错，从这一天起，卫玠前半生单调枯燥的生活发生了翻天覆地的改变。无数达官贵人纷纷向他发来请帖，邀请他参加酒会，诗会，喜宴。甚至在他刚满十六岁的那年，就被人保荐给了朝廷，当上了太傅西阁祭酒。

很难想象，当卫玠面对这个看着都别扭的官衔，内心是何等的自嘲。卫玠是一个很有追求的人，他知道，这所有的一切，只不过是因为自己这张俊俏的皮囊以及优秀的出身。于是，这位高帅富白美的少年终于发出了自己不甘的呐喊，史上有名的佳话“卫君谈道，平子绝倒”就此诞生，他要证明，自己虽然有一张俊俏的脸，但胸中也是有真才实学的。

《晋书》写道："琅邪王澄有高名，少所推服，每闻玠言，辄叹息绝倒。故时人为之语曰：'卫玠谈道，平子绝倒。'"但遗憾的是在各类史书上，对于那一次的论辩并没有使用过多笔墨，只是泛泛谈到当王澄（字平子）和卫玠聊到与玄学有关的问题时，王澄为卫玠犀利的言论数次倾倒。我们不清楚他们到底谈了些什么，卫玠又发表了什么惊世骇俗的言论，于是只能凭空揣测。也许在那天的大堂之上，当王澄说完了他的那套玄学理论并打手势示意卫玠开始讲话的时候，卫玠喝了口水，侃侃而谈：

玄学么，这个怎么说呢，我考虑到，观察了很久，这个玄学，理论嘛，它还，玄学从……我认为啊，咱们从严格意义上来说，它也是一个不好懂的学问，当然它的这个对入门者的要求，它肯定不如这个文学的这些东西……

这段讲话以卫玠的标志性口头禅结束：再加上我爷爷的营销策划，肯定能红到京都!

我们知道王澄并非常人，在此之前就以不拘礼俗、举止放诞闻名于世，有在大白天上街裸奔以标新立异的举动，风头直逼举锤砸车的陈光标。但纵是放诞如王平子者，也不禁在卫玠发挥讲学时佩服得叹息绝倒三次，从此对卫玠大加推崇，足以证明卫玠的谈吐魅力。

谈谈话就可搞定老丈人

然而卫玠从偶像派转向实力派的过程并不顺利。他频频出席各大文学、哲学、政治探讨会，舌灿莲花，雄辩高谈，可每次大家介绍他的时候却总是在名字前面加上了“小帅哥”，甚至“小美人”的前缀。对于这种同样辛酸的感觉，后世一个叫李宇春的女人也拥有足够的发言权。

只不过不同于李宇春沉默着迎难而上地坚强做自己，卫玠要显得特立独行得多了，于是有人看到卫玠开始标新立异，整天穿着奇装异服；虽然每天还是以一个合格公务员的标准要求自己，按时去局里上下班，但一回到家就立刻研究起如何驯牛，如何烹饪，如何纺纱，搞的自己跟个农村妇女似的，全无一点士大夫的学究风范。当然你可以解释说李宇春是现代人，为了努力赚钱而如此，卫玠则完全没有这方面的压力，甚至是太有闲情了——但现在有闲情的公务员却都在争当“表哥”呢——卫玠倒并没有如此，他开始变得有些神神叨叨，整天逮人就问“我是谁，我从哪里来，我要到哪里去”这些问题，不经意间就把中国当时的哲学层次提升到了终极定义的高度。

其实卫玠这些症状早在几年前就有所显露，当时刚成为璧人的他拜见父亲的好友，也是日后自己的丈人乐广，第一个问题就不加掩饰地问“梦是什么”。可怜的乐广估计从来没见过这样一点寒暄都没有的开场白，日后撰写《世说新语》时记录此事的刘义庆见状也头脑发晕，他借乐广之口写道：此儿胸中当必无膏肓之疾！

乐广有些发懵，再加上当时也没有晋人闲得蛋疼去研究出一本南北朝版的《梦的解析》——此时距离日后写出此书的弗洛伊德的出生还有一千五百多年呢——只能根据一点民俗再加上很多点个人推测，稀里糊涂说了一大堆试图想把卫玠糊弄过去。可卫玠显然不买账，又针对乐广的问答，提出了若干个疑问表示反驳，搞得乐广很被动，心中腹诽这个少年不好好蹲墙角捏泥巴，研究什么哲学，明面上则顾左右而言他，最后以一副死猪不怕开水烫的姿态才让卫玠的好学之心作罢。

这一次事件一方面证明了卫玠从小在精神上就异于常人，另一方面也证明了一个定律，千万不要在一个有女儿的父亲面前显摆，因为这类人通常都会有一个非常朴素的观点：既然战胜不了你，那就当你的老丈人吧。

结了婚，应该当不成偶像派了吧。卫玠虽然没办法参考后辈那些明星偶像隐婚藏儿装处子的丰富例子，但心里就是这么觉得的。某日，卫玠便衣出门，以为这下他能平平静静地逛个街，看看新鲜的白菜到底卖到几块钱一斤了，而不是在人群簇拥下被告知这里的白菜鲜又贱，两毛给你一大筐。可事实上，卫玠还没出自己家门就被门口经年累月不散去的“亲卫队”给逼退了回来。一问才知道，原来自己结婚的事居然在群众中传了没几个回合就被当谣言给辟谣了，更可怜的是传婚讯消息的人还被愤怒的群众人肉了出来，全国各地都有人扬言要弄死他。还有什么比真相被当做谎言更令人绝望的，卫玠终于在残酷的现实面前彻底死心了。

那些不明真相的群众

接下来的日子就简单了，无论外界如何政权更替兵荒马乱，如何民不聊生遍地尸骸，一将功成万骨枯，两将功成都老粗，三将功成斗地主，卫玠的日程表上始终都只有一个项目，游街。

直到公元312年，史书记载那是6月20日，夏至将至，几乎是建康最热的一天，这一天，时年二十七岁的卫玠被人看死了。

《世说新语》中说卫玠一向体弱，此时刚渡江南来见大将军王敦，因有谢鲲在座，惊喜交加，三人彻夜畅谈，结果便累得一病不起，很快死了。而《晋书》上的说法则传奇得多：这一天卫玠再度被重金邀请为东晋都城某大将军的小孙子百日做一次全城游街。整个建康万人空巷，大家都跟着卫玠的车队前行，亲卫队们前拥后簇，甚至高呼口号：卫玠卫玠，最帅最帅，欧也。看热闹的群众也被调动起满腔热情跟着呼叫起来，城内弥漫着一种狂热的气息，史载当日“京师人士闻其姿容，观者如堵”。

突然游行队伍中传来一个失望的声音：卫玠看起来也不是很帅……而且那么白，是不是有病啊？顿时，整个游街队伍都停了下来。马上有亲卫队员冲着声源附近高喊：敢说卫玠不帅，你还是不是建康人啊。马上有人附和：对，是不是建康人！打倒反卫分子！观众群情激昂，“打倒”、“抵制”之声不绝于耳。突然一名亲卫队员指着旁边商铺里正探出头向外张望的店主喊道：你为什么不参加游街？是不是认为卫玠不够帅？大家上啊，打死这个卫黑啊！

队员们一拥而上，片刻功夫把小店砸得一塌糊涂，砸完了大家意犹未尽，觉得比光喊口号解气多了，于是提着棍子直奔下一家。马上建康城内最大的街道陷入一片混乱，只听得木头敲击的闷响声，小孩受到惊吓的哭喊声，游行群众的口号声夹杂在一起，一场数千人的打砸抢运动就这样轰轰烈烈地展开了。

卫玠头脑发晕，被身边跑来跑去的人冲撞不停，心烦意乱。他觉得这场混乱全是因自己而起，那么自己便有责任制止一下。可当他无力地喊出“大家理性一点，做一个文明有礼的建康人”的时候，才发现自己的声音相比周围的呐喊，是如此的软弱无力。

卫玠抬起头，望着当空的烈日如此饱满炽热，自己的影子一如往昔地圆润光滑。但这种感觉没持续多久，他突然觉得头昏目眩，无力站立，随即颓然倒在地上。正打砸得热闹的亲卫队员和游街群众无暇关注自己的主角，直到一个小孩费力地钻出人群挤到卫玠身边，打算叫人把他扶起来。小孩的父亲像抓小鸡一般抓起自己的儿子：你忘了上次为扶起一个摔倒的老太太，咱家半年都没吃肉了吗?

当整个街道的商家只剩下一排碎渣的时候，人群突然安静下来，大家若有所思地左顾右盼，才发现自己的偶像早已倒地不起。众人围观了一会儿，觉得被太阳晒久的卫玠原来也不是很白，于是在不知是谁的建议下一哄而散。

纳兰容若

大千世界，谁知我的心痛

爱因斯坦有一句名言，“上帝是不掷骰子的”。但我猜想上帝一定会走平衡木，因为他控制平衡的技术妙到毫巅。公元1685年，在上帝让被称为“西方现代音乐之父”的音乐天才巴赫降生于德国埃森纳赫城的同时，为求平衡，他让遥远的东方另一个文学天才——纳兰性德——悄然离世。这一年自然科学的夜空因为牛顿发表了他著名的运动三定律并开始撰写《自然哲学的数学原理》而星光璀璨，但文学的殿堂也因为纳兰的辞世少了“人生若只如初见，何事秋风悲画扇”这样款款动人的诗句而色彩黯然。

康熙二十四年暮春，有病在身的纳兰性德在病榻上与好友一聚，一醉，一咏三叹，尔后卧床不起，七日后便溘然长逝。三年后，其父纳兰明珠遭到弹劾，身世显赫的纳兰家族荣光不再，唯有纳兰容若那些余音袅袅的文字光照词坛。

一百年过去了，和珅为博乾隆龙颜一悦，献上一部《红楼梦》，乾隆读罢掩卷叹息：这记载的不是明珠的家事吗？后人甚至顺此线索，牵强地认定明珠、容若父子即贾政、宝玉原型。不过无论曹雪芹初衷如何，后人亦能从贾府由盛而衰的轨迹中依稀看到纳兰家族的身影。那白茫茫一片干干净净的大地之下，藏了多少世事无常，天道轮回。

皇家有男初长成

虽然美国《独立宣言》上写着“人人生而平等”，但肯定富兰克林他们在撰稿时没听过100年前纳兰性德的故事。如果说有人出生时含着金钥匙，有人出生时含着铁钥匙，还有的人出生时候含的是自己的手指头——那么生于1655年的纳兰性德简直是含着钻石钥匙出生的——如果钻石也能做成钥匙的话。

纳兰性德于顺治十一年底生于北京，其父是康熙时期权倾朝野的宰相明珠，母亲爱新觉罗氏为英亲王阿济格第五女，一品诰命夫人；其家族纳兰氏隶属正黄旗，为清初满族最显赫的八大姓之一，即后世所称的“叶赫那拉氏”；纳兰性德曾祖父的妹妹于明万历十六年嫁努尔哈赤为妃，后来生过一个儿子，名字说出来大家肯定知道——他叫皇太极。

不单如此，按照旧历计算，纳兰性德甚至与同是顺治十一年出生的康熙皇帝玄烨同龄。

读到这里，想必许多人会发出同范伟一样的感叹：同样是人，差别怎么就这么大呢？不仅如此，纳兰容若还以外貌出众、聪明过人而名噪一时，其人便如其词一样，被时人评价为“纯任性灵，纤尘不染”。

纳兰虽出身高贵，却没有染上纨绔子弟常见的毛病，而是从小便文武兼修，不但通经史，工书法，擅丹青，还精于骑射。十七岁入太学读书，十八岁中举人，次年由于生病而错过了殿试，二十二岁考中进士，官拜三等御前侍卫，后来提升为一等御前侍卫，负责皇上的安全，仕途之路顺风顺水。在陪伴康熙全国游历的时候，像《神探狄仁杰》中宰相狄仁杰遇到难题往往脱口而出“元芳，你怎么看”一样，康熙皇帝也时常问计于身边英俊威武、文采傲人的御前侍卫：

纳兰，此事你怎么看？

情场失意的公子哥

有了这样优秀的铺垫，无论纳兰身上发生何等感天动地的爱情故事，似乎都在情理之中了。不过纳兰虽有高贵的出身、出众的外表，自己的感情经历却是波折连连，想来善于把握平衡的上帝在做完前期工作之后也有些嫉妒了。

纳兰的第一段感情来自自己的表妹。在所有的爱情故事中，青梅竹马、两小无猜，这两个词往往代表了最清澈、最纯美、最无瑕而结局又最美好的爱情，纳兰亦不例外。但就在纳兰准备迎娶表妹之时，她依照满族人的规矩，被选入宫中做了宫女。诗曰“一入侯门深似海，从此萧郎是路人”，侯门尚且如此，何况宫门！从此两人便一墙之隔，终生不复相见。

史书上对这位表妹着墨不多，不过清人笔记、小说中对此事倒是多有提及，后人甚至认定这段恋情便是《红楼梦》中宝玉、黛玉悲剧故事的原型。作者认为这段感情确有其事，因为这段夭折的爱情在纳兰词句中多有体现，让他留下了在《采桑子》中这样深情动人的句子："彤云久绝飞琼字，人在谁边？人在谁边，今夜玉清眠不眠？"

二十岁那年，纳兰娶两广总督卢兴祖之女卢氏为妻。是年卢氏年方十八，"生而婉娈，性本端庄"，与纳兰可算门当户对。虽然他们的婚姻一开始只是京官与地方官联姻的政治产物，但婚后二人发现彼此都有着惊人的相似，旋即恩爱有加，感情笃深，大有昔日南唐后主李煜与大周后的爱情神韵。

就像李煜在政治联姻后很快爱上貌美如花、国色天香、才艺非凡、能歌善舞的娥皇一样，纳兰也很快将卢氏视为自己的生活伴侣、艺术知音，除了举案齐眉，还诗词相和，美满的婚姻生活强烈地激发了纳兰的诗词创作。

若是这段美好的姻缘维持终生，也不失为一件幸事。但不幸再次降临，仅仅过了三年，卢氏因产后受寒而亡，年仅二十一岁便香消玉殒。爱妻的离去给纳兰带来了沉重打击，使他十分痛苦。从此纳兰的词作中"悼亡之吟不少，知己之恨尤深"，悼亡词成了其日后词作的主旋律，作品中一再流露的哀婉凄楚的不尽相思之情和怅然若失的怀念心绪，使其成为写出"十年生死两茫茫" 之句的苏东坡后最为著名的悼亡词人。

纳兰后又续娶关氏，并有侧室颜氏，但这两段婚姻并没有让他的爱情故事增添色彩，他重燃爱情之火是在三十岁那年，在好友顾贞观的帮助下结识了江南才女沈宛。这位浙江乌程（今湖州）的女孩不但气质超俗，而且富有诗词才华，在十八岁时便有出色的词作《选梦词》刊行于世，这让文采出众的纳兰刮目相看，很快将其视为红颜知己。

但是由于身份差距，其时旗人和非旗人尚不能通婚，纳兰不能名正言顺地纳沈宛入明府，俩人只能保持着没有名分的关系。好景不长，半年后纳兰突然去世，沈宛含泪返回江南，有情人终不成眷属，留下一段风流憾事，令人不胜唏嘘！

清朝第一词人

国家不幸诗家幸，赋到沧桑句便工。

不幸的爱情并没有磨灭才子纳兰在文学方面的才华。在十九岁那年因病未能参加殿试之后，纳兰拜顾炎武外甥、被称为昆山三徐之一的徐乾学为师，发奋研读，在两年中主持编纂了一部多达1800卷编的儒学汇编——《通志堂经解》，受到皇上的赏识，也为今后的发展打下了基础。后又耗时四年，把搜读经史过程中的见闻和学友传述记录整理成文，编成四卷集《渌水亭杂识》，其中包含历史、地理、天文、历算、佛学、音乐、文学、考证等方面知识，表现出他相当广博的学识基础和各方面的意趣爱好。

纳兰文学成就以词为最，尤以小令见长，共存词三百四十余首。二十四岁时他把自己的词作编选成集，名为《侧帽集》，后更名为《饮水词》，在当时就享有盛誉，为文人学士高度评价，有“清代第一词人”之誉。其词清新婉丽，以真情动人。妻子卢氏亡后，纳兰写出来的文字更是深情动人，这使得纵然在其生前，刻本出版后亦产生“家家争唱”的轰动效应。纳兰去世后被誉为“清朝第一词人”、“第一学人”；王国维在其著名的《人间词话》述及纳兰容若，极尽赞誉道：“以自然之眼观物，以自然之舌言情。此由初入中原，未染汉人风气，故能真切如此。北宋以来，一人而已！”更是将其在诗词界的地位推向了顶峰。

由于长年跟随于康熙身边，并多次经受伤离感逝之痛，纳兰词眼界不宽，以惆怅烦闷为词的主要内容，但他以高深的艺术功力弥补了题材狭窄的不足，词作以“真”取胜，情真景真，“纯任性灵，纤尘不染”（况周颐《蕙风词话》）。时至今日，纳兰依旧粉丝甚众。类似“人生若只如初见，何事秋风悲画扇”这样用语平淡却意境深远的词句，在纳兰的词作中屡屡得见，至今仍令读者感慨万千。

“生馆死殡”真诚待友

除了以动人的诗词留名至今，纳兰的真诚待友亦为后人所赞美。纳兰所交之友，多为困郁不得志的汉族布衣文人，这与其贵胄公子、皇帝近臣的身份地位极不相称，因而受到当时和后世人们的注目。这位多病的美男子，对友人表现出的大义凛然、铁骨铮铮，与对爱情的怜香惜玉、百转柔肠交相辉映。纳兰对待朋友最著名的事迹当数对友人顾贞观的好友吴兆骞“生馆死殡”，不顾艰难营救好友的举动，一直流传至今。

“生馆死殡”的主角是清朝初期著名的江南才子吴兆骞。顺治十四年（1657年）发生了震惊江南的科场案，顺治震怒，下令追查，结果将数十位考官处死并抄没其家产，父母、兄弟、妻子均发配流放边关。是年考中举人的吴兆骞蒙冤牵涉其中，亦被流放东北边关黑龙江宁古塔，纳兰时年三岁。

由于此案情节严重，且由顺治钦定，无人敢轻易涉入，蒙冤受屈的江南才子吴兆骞在边关吃苦受罪了十八年。好友顾贞观连年奔走于当年与吴兆骞有些交情的朝廷官员的府邸，希望能为营救吴兆骞回归助一臂之力，可惜世态炎凉，人情淡薄，无人出手相救。一筹莫展的顾贞观作《金缕曲》二首，辗转传到纳兰手中。纳兰读后感叹不已，决心帮助顾贞观营救友人。此后数年纳兰为之奔忙不已，其中的艰难无人可知。最终历经五年，在诸多人帮助下，终于将吴兆骞赎罪放还，此时距离吴兆骞被流放已经二十三年了。

回到京师的吴兆骞得到纳兰、顾贞观、徐乾学等一批好友的热情迎接，纳兰为了解决吴兆骞在京城的住宿和生活问题，又将吴聘为馆师，让他住在自家府邸里教授自己七岁的弟弟揆叙。三年后吴兆骞因病客死京城，此时纳兰正侍卫康熙巡游江南，得到消息后立即告假赶回京城，除了亲自为吴兆骞料理丧事，还出资护送其灵柩回到他的家乡江苏吴江。

纳兰逝世后，其朋友对他真诚待友予以高度评价：其于道义也甚真，特以风雅为性命，朋友为肺腑。诚哉斯言。

若非造化弄人，作为词人的纳兰容若自会留下更多佳句，作为挚友的纳兰也会留下更多佳话。但这个前途无量的御前侍卫，却并不留恋官场，因从内心深处厌倦官场的庸俗与侍从的生活而显得无限落寞。纳兰曾云，“如鱼饮水，冷暖自知”，这便是《饮水》的名字来源。当时盛传“家家争唱饮水词，纳兰心事几谁知”，亦从侧面反映了纳兰的寂寞。

康熙二十四年暮春，有病在身的纳兰抱病与好友一聚，一醉，之后便一病不起，七日后，这位拥有绝世才华、出众容貌、高洁品行的才子溘然而逝。当后人读起他那些感人至深的词作，或从《红楼梦》中贾宝玉林黛玉悲剧的爱情故事中掩卷遐思时，似乎依稀看到纳兰的影子。

嵇康

我就是要挑战这个世界

一个个体的命运往往折射着一个时代的命运。

这一年，同为魏明帝托孤之臣的司马懿与曹爽争权夺势明争暗斗，曹魏政局一片混乱。司马懿称病不朝，曹爽派自己的粉丝——他的粉丝都号称“爽身粉”——将其从太傅府中揪出，在大庭广众之下大加批斗并补上拳打脚踢。司马懿被打得招架不住，情急之下手举魏明帝曹叡托孤遗诏，向批斗者高呼：我是魏国的大将军，你们怎样对待我个人，这无关紧要，但我要捍卫魏国大将军的尊严！爽身粉们一声冷笑，将遗诏抢过一把撕碎：我们打的就是大将军！司马懿顿时昏厥。

嵇康从这场内耗中明显感到了朝政的危险，心生朝不保夕之感，遂辞去中散大夫的官职，像日后那些上山下乡的知识青年们一样，回到老家山阳的深山里隐居起来，架上锅炉，专心打铁。在很长的一段时间里，“一亩地，两头牛，老婆孩子暖炕头”就是嵇康生活情形的真实写照。

美男的A面和B面

在此之前嵇康的生活可谓完美。他虽年幼丧父，却因娶了曹操曾孙女长乐亭主而成为曹魏的皇亲国戚，而且其姑父便是曹操的养子、魏晋玄学的开创人物何晏。因为何晏的关系、自身的才能、宗室的地位，嵇康被任命为中散大夫。此职虽无固定职事，只是偶尔传达圣旨，不过毕竟贵为朝廷公务员——一千七百多年后每年公务员考试之前都会有两三百万人满怀希望盯着数千个岗位，他们梦寐以求的不正是这么一个偶尔传传圣旨的公务员之职么?

如果“学识超群”、“位高权重”尚不足以形容此时的嵇康，那么还应该加上许多形容词来修饰他的出色长相。正史一般不记载传主的相貌，但《晋书》写到嵇康的时候却不厌其烦地用了近四十个字描写其相貌，写他“身长七尺八寸，美词气，有风仪，而土木形骸，不自藻饰，人以为龙章凤姿，天质自然”。甚至见到嵇康者亦无不惊叹于其英俊，称赞他“肃肃如松下风，高而徐引”；其朋友山涛更是毫不隐藏自己的赞美之情，夸赞道“嵇叔夜之为人也，岩岩若孤松之独立；其醉也，傀俄若玉山之将崩”。

嵇康的风采从他儿子身上也可窥见一斑。很多年后，当嵇康的儿子嵇延祖行走在洛阳的街道上时，其卓尔不群的形象立即引得路人艳羡不已，有人告诉嵇康生前的朋友王戎：昨天在人群中见到嵇延祖，简直太帅了，气宇轩昂简直就像一只野鹤立于鸡群之中。——这便是“鹤立鸡群”的典故出处——王戎看了他一眼，淡淡地回应：那是因为你没看见过他爹嵇康啊。

不过虽天生丽质、帅气逼人，嵇康却是自由懒散、不修边幅的典型，据他自己所讲，他竟然懒散到了“头面常一月十五日不洗，不大闷痒，不能沐也”的地步，即不但半月不洗头，身上不痒得难受连澡也懒得洗。除此之外嵇康还习惯不穿衣服，赤裸着身体跟人聊天——不知这位头发蓬乱而且一丝不挂的朝廷大员会不会像二战期间在浴室遇到罗斯福的丘吉尔一样，告诉对方：我们大魏国的官员，都习惯了对人毫无保留。

只是对比日后同为竹林七贤之一的刘伶，嵇康的行为倒是稍显收敛。据《世说新语》记载，刘伶也曾裸着身子在家里待客，客人好奇询问原因，刘伶回答：天地是我的楼宇，屋室是我的衣裤——你钻到我的裤裆里来干什么？

“竹林七贤”OR“竹林七闲”

受司马懿与曹爽在争权夺势中的明争暗斗影响，从洛阳逃进山阳隐居的嵇康并不寂寞，毕竟“农妇，山泉，有点田”的恬淡生活还是惬意的。不久嵇康的好友阮籍、山涛等人也相继辞官归隐，和嵇康一样，他们都看到了即将席卷朝廷的血雨腥风。但与嵇康的彻底隐退、“上山下乡”稍有区别的是，他们只是想短暂地躲避这场风暴。

很快阮籍来了，山涛来了，向秀、阮咸也跟随了他们的脚步；小时候因为准确地预言“道旁苦李 ”而声名远播的王戎也来了，“以天地为楼宇，以屋室为衣裤”的刘伶也来到了嵇康在山阳的小院。补充说明的是，晚年的刘伶更有惊骇之举，他曾经拎着一桶酒坐上马车，令随从拿着锄头跟随左右，告诉他们“我在哪死，就把我在哪埋掉”。就是这样一些人在嵇康家里住了下来。七位志趣相近、不拘礼节的名士聚于山阳，在竹林之下谈古论今，抚琴而歌，演绎出了“竹林七贤”的著名典故。

按照“近朱者赤近墨者黑”的原则，与行为怪诞的嵇康、刘伶、阮籍为伍，嵇康不穿衣服不洗头的习惯定然也感染他人。七贤们在一起纵酒狂歌、共同打铁的情景定然豪情奔放、场面骇人，若有生人闯入，见到铁匠们赤身裸体在炉火前挥汗如雨的场景——也许还因为身体受热不匀而红一块白一块——不见得会比见到日后金庸笔下大名鼎鼎的“江南七怪”更为讶异。

而事实上，竹林七贤在某种程度上被称为“竹林七闲”更为合适。

鲁迅在《魏晋风度及文章与药及酒之关系》的演讲中分析了这种邋遢现象产生的原因。他认为，何晏因为身体不好，而借吃一种用石钟乳、石硫磺、白石英、紫石英、赤石脂等配制而成的“五石散”以强身健体，大家也都跟着吃了起来，而这竟在魏晋时期成为一种养生之道——就像一千七百多年以后大家信奉某人的理论，把吃绿豆也当成养生之道一样。这说明，在自身健康问题上，即使是圣人也往往会愚蠢。

吃了这种配方跟火药差不多的“五石散”，为防止一不小心被毒死，于是吃完便不能休息，要不停走路让药力散发；走了之后全身发烧，便须把衣服脱掉；发烧之后又发冷，还得饮热酒。更因皮肤易破，偶尔穿了衣服也要尽量穿旧的，而且不能常洗，时间长了，自然生出很多虱子来。

做名人也不容易啊。

乱世，谁主沉浮

手举明帝遗诏抗议无效、被爽身粉们一番痛打之后，愤怒的司马懿压抑了两年，终于在公元249年找到机会，趁曹爽陪同曹芳离开洛阳至高平陵扫墓之机发动兵变，很快控制京师并将曹爽族灭，不但将爽身粉们一网打尽，还将曹氏家族的何晏一并诛杀。自此曹魏军政大权落入司马氏手中，史称“高平陵之变”，嵇康诸人逃避数年的动荡终于如期而至。新政权诞生之初是需要寻求支持的，无论是舆论需要还是论治国才能，竹林七贤出现在司马氏需要拉拢的名单上再正常不过了。

嵇康、阮籍、刘伶因为仕魏而对执掌大权的司马氏集团持不合作态度，山涛、王戎却在压力之下先后投靠新政权，获得重用。山涛历任尚书吏部郎、侍中、司徒等，成为司马氏政权的高官；王戎入晋后长期为侍中、吏部尚书、司徒等，历仕晋武帝、晋惠帝两朝，至八王之乱仍优游暇豫不失其位。

司马昭也曾想拉拢嵇康，不过作为曹魏的前公务员兼女婿，嵇康的不合作态度令司马昭极为不爽。司马昭心腹、书法家钟繇之子钟会也想结交嵇康，甚至专门上门造访，不过当时嵇康正在家门口的大树下打铁，但见炉火熊熊，嵇康手起锤落，旁若无人，对钟会不加理睬。受到冷遇的钟会终觉无趣，悻悻离开，从此记恨在心。

不过这次不成功的拜访还是留下了一段佳话，那就是嵇康在钟会要走时终于觉得不好意思，问了钟会一句：何所闻而来，何所见而去？钟会回答：闻所闻而来，见所见而去。问答虽极具诗意，却暗藏杀机。

山涛在投靠司马氏并在仕途上平步青云后，便力荐嵇康来洛阳做官。作为回应，嵇康写了洋洋洒洒两千字的长文《与山巨源绝交书》，列出自己有“七不堪”、“二不可”，坚决拒绝为官，并与山涛决裂。

他在这篇奇文中写道，“听说您升官了，我感到十分忧虑，恐怕您不好意思独自做官，要拉我充当助手，正像厨师羞于一个人做菜，要拉祭师来帮忙一样，这等于使我手执屠刀，也沾上一身腥臊气味”；又表达了自己不希望做官的意愿：“山野里的人以太阳晒背为最愉快之事，以芹菜为最美的食物，因此想把它献给君主。虽然出于一片至诚，但却太不切合实际，希望您不要像他们那样。我写这封信，既是为了向您把事情说清楚，也是向您告别。”

除此之外，嵇康还在信中称“志气所托，不可夺也”，“又每非汤武而薄周孔，在人间不止此事，会显世教所不容”。“非汤武而薄周孔”这样大逆不道的话终于引起了司马氏集团的不满，司马昭顿起杀心。

绞刑架下的绝响

公元262年，嵇康离开隐居了十几年的山阳，匆匆赶往都城洛阳。他很着急，因为有一件要事要办。

山阳洛阳相距并不太远，两天时间就能赶到。然而在嵇康看来，这两天的路仿佛要走十年。十五年前，正是沿着这条尘土飞扬的官道，嵇康选择了遁进深山。而今天他却不得不出山，不是寻亲访友，更不是入朝为官，而是为了解救一个深陷牢狱的好友——吕安。

和嵇康一样，吕安也是一位不愿做官的名士，与嵇康已是十多年的好友。吕安之妻貌美，被兄吕巽迷奸，吕安愤恨之下想要起诉兄长，但与吕巽、吕安兄弟都有交情的嵇康劝吕安不要揭发家丑，以全门第清誉。事后吕巽害怕报复，遂先发制人诬告吕安不孝，吕安遂被官府收捕。嵇康拍案而起，写下《与吕长悌绝交书》，痛骂吕巽一顿，随后赶往都城为吕安作证，却触怒大将军司马昭，曾遭侮辱的钟会趁机劝说司马昭，将吕安、嵇康一齐处死。

这位不拘礼法者终于为自己的行为付出了代价。

嵇康临死之前，女儿十五岁，儿子嵇延祖仅仅五岁。

嵇康没有把一双儿女托付给自己的哥哥嵇喜，也没有托付给他敬重的阮籍，而是托付给自己曾经要与之绝交的山涛，并告诉儿子：山公尚在，汝不孤矣。即成语“嵇绍不孤”的由来。山涛果然没有辜负老友的期待，对待嵇延祖如同己出，一直将其抚养成人。十八年后，在山涛的大力举荐下，嵇绍被晋武帝“发诏征之”，后来成为晋朝的忠臣。当八王之乱中晋惠帝身处险境时，嵇绍慨然以身体护卫乘舆，丧身于飞箭之下，留下千秋盛名。

嵇康行刑之日，差点引发一场动乱。

行刑台前的嵇康神色不变，一如往日。他看了看日影，尚未到行刑的时辰，于是让人取来古琴，从容弹奏一曲《广陵散》。这位高大英俊的帅哥端坐刑场，抚琴而奏的场景令众人无不动容，甚至有人以当日所闻叙述成篇，写成著名的《绞刑架下的绝响》，与姊妹篇《绞刑架下的报告》同样令见者动容——不过那都是后话了。一曲弹罢，嵇康叹息一句“广陵散于今绝矣”，遂从容就戮，时年四十。

嵇康死后，七贤之一的向秀无奈赴官，某日经过嵇康旧居，听到邻人凄恻的笛声，不禁悲从中来，写下一篇情恳意恻却只有寥寥三百字的《思旧赋》悼念旧友。多年以后鲁迅写道：年轻时读向子期《思旧赋》，很怪他为什么只有寥寥的几行，刚开头却又煞了尾。但是当1931年国民党秘密枪杀了五位左翼革命作家“左联五烈士”之后，鲁迅在《为了忘却的纪念》中沉痛地写道：然而，现在我懂得了。

沈 约

我的细腰与风流无关

晚年的沈约曾经在相当长的一段时间里精神恍惚，神志不清。这位年轻时候不但写出一百一十卷《晋书》、一百卷《宋书》和二十卷《齐纪》等史书，还制订了旧体诗格律标准的才子兼帅哥，最近却无心研究自己的专业，只是心神不宁地看着自己的腰带一天天紧起来，腰肢一天天细下去，不久竟撒手西去，成了文人变成政治牺牲品的典型案例。

不过令沈约大感意外的，不是他费尽心思写出来的史书除了《宋书》之外竟全部失传，而是这段精神不振的日子里日渐消瘦的遭遇却广为人知，成了“沈约瘦腰”的典故，与张敞画眉、韩寿偷香、相如窃玉，并称古代四大风流韵事，沈约也因一杆细腰进入南北朝帅哥行列。多年以后开城降宋的南唐国主李煜，在念及自己未来的囚徒生涯时，首先想到的便是沈约的瘦腰，继而写下“一旦归为臣虏，沈腰潘鬓消磨”的诗句；明人夏完淳觉得自己腰围太粗，亦以“酒杯千古思陶令，腰带三围恨沈郎”以示对细腰沈约的羡慕。

原打算靠着修史以留名百世的沈约却因为自己细腰而为人所记，不知若泉下有知，会作何感想。

少年沈约之烦恼

出生于南朝宋元嘉十八年（公元441）的沈约有一个可谓显赫的出身。其祖父沈林子为南朝宋征虏将军，父亲沈璞官至宣威将军、淮南太守，当时便有所谓“江东之豪，莫强周沈”的说法，可见沈氏家族的地位之高。宋时民谚“护官符”中有名句：“东海缺少卫生纸，龙王来找沈林子”，后来曹雪芹在写《红楼梦》的有关章节时就参考了这一句。年轻时的沈约很是为自己的出身自豪，某次开车行于街市，行人摩肩接踵，无法前行，沈约高喊一声“我爸是沈璞”，路人纷纷侧目，顿时让开一条大道。

不过很快这种好日子就到头了。公元453年，时年三十八岁的沈璞在皇室内部斗争中被杀，沈家顿时衰落，留下年仅十三岁的沈约与母亲相依为命。不但日后出行再无人让道，甚至全家还陷入了颠沛流离的窘境，终日四处逃避躲藏以求苟安，后来因遇大赦才得免祸。少年沈约不得不过早面临生活的艰辛，某次家里实在困难，他曾乞求于宗族乡党的帮助，同族之人向之施舍稻米数百斛，却因沈约不能忍受族人伴随着施舍的侮辱，最终“覆米而去”。他深知父亲死于皇室纷争之中，自己唯一的希望便是认真读书，于是终日手不释卷，白天读过的书，晚上还要复习一遍。

母亲担心他用功过度有伤身体，常以减少灯油、熄灭炭火的办法来限制沈约夜间读书，效果不佳后甚至逼着儿子休息，但沈约依旧不为所动，仍旧读书不倦，就差像西汉时的匡衡一样，把与邻居相隔的墙上凿开一个洞，偷偷借邻舍的烛光读书，上演一出“凿壁借光”的感人剧目了。很多不肯读书的孩子父母听闻沈约事迹，纷纷以此教训自己的儿子：你看人家沈约，你有他刻苦劲头的一半我也就满意了——同样是小孩子，差别怎么就这么大呢？

刻苦攻读很快便见成效，青年时期的沈约便已“博通群籍”，并以写得一手好文章而闻名于世。就在很多人因为活了二十多年，没能为祖国、为人民做点什么而伤心欲绝的时候，沈约从二十余岁时便开始撰写史书，著成《晋书》一百一十卷；与此同时，苦学的沈约也长成了一个身材颀长、相貌英俊的帅哥，在故乡渐有名气，吸引了诸多粉丝。其成长经历也逐渐传开，成为南北朝时青少年耳熟能详的励志故事，如果《读者》、《知音》之流的杂志早创刊一千五百多年，我们便会从出土文物中发掘出这样的文章：

《缺少父爱的苦命男孩呀，坚强母亲为你撑起生命蓝天！》

或是：《天涯何处觅知音，谁能体会帅哥成功背后那些往事的酸楚！》

遇见你很不可思议

沈约很快因为自己的才华出众而得到郢州刺史蔡兴宗的器重，被任命为安西外兵参军兼记室。不久南兖州刺史萧道成在刘宋王朝内乱中一举灭宋，建立齐朝，沈约在新政权下更是仕途畅达，官至征虏记室，带襄阳令，后为文惠太子萧长懋属官，一直做到太子家令。

跟随太子期间，沈约深受宠信，每次入东宫觐见，都是日头偏西方出，期间有王侯到宫，也需托沈约先去通报，才可得进。太子深觉与沈约交谈所学良多，甚至让他每日早点进宫以帮助自己改掉睡懒觉的习惯，对他说：吾生平懒起，是卿所悉，得卿谈论，然后忘寝，卿欲我夙兴，可恒早入。

不过文惠太子的老爸齐武帝却不大看好沈约，他只宠幸一个爱奉迎的小人刘系宗，并抑沈扬刘：学士辈不堪经国，唯大读书耳。经国，一刘系宗足矣。沈约、王融数百人，于事何用？打心眼里看不起文人沈约，沈约因此郁闷不已。

但在这时，沈约结识了一个对其下半生有重要影响的人。此人便是文惠太子的弟弟，日后成为威震海内的梁武帝萧衍。

沈约与萧衍的结识可谓以文会友的典型。南齐永明年间，热爱文学的竟陵王萧子良开馆招纳文学之士，沈约与萧衍、谢朓、范云等人皆游于竟陵王门下，时日一久竟形成气候，成了一个著名的文学群体，史称“竟陵八友”。在同为“竟陵八友”的日子里，沈约和萧衍吟唱相随，诗文相和，时而低吟浅唱，时而把酒邀月，建立了深厚的友谊。

此时的沈约虽在撰写萧齐国史、起居注和《宋书》，不过早年的经历也让他希望在政治上有更大的作为，而沈约奇特的长相似乎也注定他应当有更大的成就。《梁书·沈约传》特意写到沈约的特殊长相，称“约左目重瞳子”，即左眼有两个瞳孔——中国历史上双眼有重瞳子的只有六人，都是政治上大名鼎鼎之辈：仓颉、舜、晋文公、项羽、李煜，名气稍小的高洋，也是南北朝时北齐的建立者。沈约只有一只眼睛长出两个瞳孔，大约是命中注定能做出舜、项羽等人一半的成就了。

不过不受太子老爹待见的沈约正在踌躇满志之时，又逢文惠太子英年早逝，他看着镜子里自己两只眼睛和奇怪的三个瞳孔，露出的满是对未来的迷茫与仕途的不知所措。

那么要脸干什么

就在沈约觉得自己的仕途没了希望的时候，立国仅二十三年的南齐在日后被封为东昏侯的昏君萧宝卷的治理下变得更没希望。很快南齐便呈现日薄西山、江河日下之势；与此同时萧衍却渐渐显山露水，终成一方诸侯，并于公元501年率兵攻入都城建康，诛杀萧宝卷，另立萧宝融为齐和帝，自己则被封为梁王。沈约觉得自己的机会来了，力主当年的文友萧衍称帝。

萧衍虽有野心，却也不便表露。看着萧衍踌躇满志而又欲说还休的样子，沈约决定充当时代的传声筒，从天时、地利、人和等方面向萧衍提出称帝的必要性和合法性，称旧政权早已不符合时代的发展需要，而萧衍则代表了南朝的发展希望，并最后总结道：如果萧衍不称帝，那就是辜负了全国人民的期望啊！

萧衍心中暗喜，表面上却也要推辞一番，表示自己是拥护齐和帝的统治的。沈约再接再厉，数日后在萧衍的办公室内语重心长对其劝谏道：当年同为竟陵八友的时候我就觉得你很有潜力，就是太爱面子。可是现在离成功只有一步之遥了，你还那么要面子干什么！

正是这句话成为指引萧衍在黑暗道路上前进的力量和明灯，推辞了数次之后终于答应称帝。沈约更是一鼓作气，想领导之所想，急领导之所急，连夜就把诏书和官员编制表一一拟好，等次日清晨萧衍刚一起床便送至面前，萧衍不加修改，即成定稿。日后萧衍提及沈约、范云，总是极其赞赏：我起兵于今三年矣，功臣诸将实有其劳，然成帝业者，乃卿二人也。

不过随后沈约在齐和帝归宿问题上与萧衍的再一次联袂演出，虽然找到了昔日吟唱相随，诗文相和的感觉，却成为了二人之间的绝唱，也为自己日后连日消瘦埋下了种子。

史载，当萧衍装模作样地接受齐和帝的禅让，并欲将其迁到南海郡时，他看了沈约一眼，沈约心知肚明，用一句话便让齐和帝丧了命。他说，昔日魏武帝曹操在铜雀台上大宴群臣，王朗、钟繇、王粲、陈琳等一班文官进献诗章，鼓励曹操称帝，魏武帝却认为不能“慕虚名而处实祸”，为了贪图虚荣却让自己置身危险之中，如今你怎能“慕虚名而处实祸”？

萧衍顿悟，派人给和帝送去生金，逼其吞金自尽。

拿什么拯救你，我的细腰

拥立有功、官拜尚书仆射、封建昌县侯的沈约终于做到了与自己“左目重瞳子”的相貌相符的地位，顿感轻松。但在随后却犯了文人从政的最大毛病：不知收敛。一天，沈约侍宴宫廷，正好豫州进献栗子，梁武帝萧衍一时兴起，想起当年与沈约一同吟诗作文的场景，提出与沈约比试关于栗子的典故。沈约有点受宠若惊，但还懂得分寸，心想风头不能盖过武帝，就故意比武帝少写了三个。却在事后告诉别人：如果我不让着武帝，恐怕他会羞死（“此公护前，不让即羞死”）。梁武帝听闻沈约出言不逊，因而大怒，欲治沈约之罪，幸亏被沈约的朋友徐勉劝谏下来。而梁武帝也因为此事得出结论：知识越多越反动。

不久之后沈约儿子因为成立“梁武帝思想探讨小组”，研究“武帝代齐”究竟是历史的进步还是倒退，被打成反动组织，被敌对势力绑架关押。晚上沈约要参加萧衍宴会，夫人恳求他请武帝救助，沈约坐在萧衍身旁，最终却没开口，儿子被迫害致死，面对妻子痛不欲生的指责，他沉默，沉默，最后说：“我也是为了祖国好啊！”

沈约终于明白，此时的梁武帝，早已不是自己当年诗文相和的搭档，两人之间再也不能回到当初情真意切的岁月。失魂落魄的沈约终于病了，恍惚中，他梦见了曾死于自己舌下的齐和帝，齐和帝手持一把宝剑，斩断了沈约滋事的舌头。沈约大恐，醒来后请来道士作法，给玉帝写奏章。奏章里说，冤有头，债有主，“禅代之事，不由己出”。

这下梁武帝终于不堪忍受，怒不可遏地连派数人谴责沈约，劈头盖脸一顿臭骂。沈约忧惧交加，日渐消瘦，给好友徐勉写信诉说自己近况，称近日来皮带一天比一天紧，腰也一天比一天细：“百日数旬革带常应移孔，以手握臂，率计月小半分”，不久竟在骂声中撒手西去。

《战国策·威王问於莫敖子华》篇曾记载“楚王好细腰”的典故，称“昔者先君灵王好小要（腰），楚士约食，冯而能立，式而能起。食之可欲，忍而不入；死之可恶，然而不避”。意思是昔日楚灵王喜欢腰身纤细的人，楚国的士大夫们为了细腰，大家都节食减肥，饿得头昏眼花，站都站不起来。坐在席子上的人要站起来，非要扶着墙壁不可，坐在马车上的人要站起来，一定要借力于车轼；人们都想吃美食，但大家为了腰身纤细都忍住了不吃，即使饿死也心甘情愿。

虽然后人引用这个典故比喻当权者的爱好引导时尚潮流，如东汉马廖在《上长乐宫以劝成德政疏》里便使用了“吴王好剑客，百姓多创瘢；楚王好细腰，宫中多饿死”的句子，但也多少反映了春秋时期人们以细腰为美的观念。令沈约哭笑不得的是，自己原本悲剧的瘦腰故事，却被人与楚王好细腰扯上了说不清的关系，多年后“沈约瘦腰”竟广为流传，与张敞画眉、韩寿偷香、相如窃玉，并称古代四大风流韵事。

不过令沈约更加无奈心酸的，应该是自己死后先被定谥号曰“文”，因《谥法解》中称“博闻多见曰文”，“勤学好问曰文”，但梁武帝犹自耿耿于怀，夺“文”赠“隐”，并解释道，“怀情不尽曰隐”，彻底否定了沈约的德和艺。而时至今日，沈约的细腰已经与潘安的白鬓齐名，合称“沈腰潘鬓”，在两大帅哥身后留下无尽的寂寞。

司马相如

我用鸣弦，换你一世倾心

汉景帝后元元年，也就是公元前143年的某一天，地属蜀郡的临邛（今四川邛崃县）县城本来喧嚣的街道突然安静了下来。正在忙碌的市民们纷纷停下手中的活计，盯着街道上缓缓走来的一位面容英俊、风度翩翩的公子哥，惊为天人；而几个随从在他身边趋前忙后、奉若神明的神情，更让大家好奇不已。

最让县城里的百姓大惑不解的是，这几个人随后竟然在城门旁叫做都亭的传舍里住了下来，临邛县令王吉次日一大早便亲自赶往都亭相见，以后更是每日前来，从不间断。可这位公子哥在最初几天还乐意接见王县令，不久便不耐烦，推说身体不舒服，让随从出来打发县令走人。王吉似乎并不以为意，前来朝见时的神情也越发恭敬。

临邛百姓终于按捺不住强烈的好奇心，私下里纷纷讨论：这位大架子的帅哥究竟是谁？莫非他爸是李刚？议论者中有人大胆猜测：

这里面必定有一个天大的阴谋！

临邛街头的神秘来客

这位神秘的英俊男子便是司马相如。

出生于公元前179年的司马相如此时三十六岁，早已过了三十而立的年纪，不过仍然谈不上事业有成——事实上，这位才貌双全的男子此时正处在人生的低谷。但在不久之后，他将创造一个传说，这个传说是如此神奇，乃至两千多年后仍被人津津乐道，成为无数才子佳人故事的灵感之源。

司马相如出生于成都，字长卿，少时好读书、击剑，父母怕他有灾，为其取小名“犬子”，因为民间相信给孩子取个贱名容易养活，就像如今很多小孩叫“二狗”、“阿毛”一样。学业有成后司马犬子敬佩蔺相如的为人，更名司马相如，并且做到了汉景帝的武骑常侍（骑兵侍卫）。

不过喜好写赋的司马相如并不喜欢这个职业，郁闷地干了几年之后逢梁孝王刘武进京朝见，跟他同来的是一帮才华横溢的文学之士，有齐郡人邹阳、淮阴人枚乘、吴县人庄忌等。司马相如与之志趣相投，相见恨晚，于是以生病为由辞掉官职，随梁孝王回到封地，享受与诸生同等待遇，可谓风光无限。在此期间，司马相如创作了著名的《子虚赋》，声名鹊起。

不过好景不长，景帝中元六年（公元前144年），梁孝王病亡，树倒猢狲散，聚其门下的文学团队由是分崩离析，各奔东西，落落寡欢的司马相如孤独地回到了家乡成都。此时司马家早已家道中落，司马相如虽然长得帅还善于作赋，可惜帅也不能当饭吃，缺少谋生手段的司马相如日子过得甚是清贫。

一向与司马相如交好的临邛令王吉见好友有难，雪中送炭道：长卿，你长期背井离乡求官任职，如今不太顺心，可以来我这里看看啊！只消如此如此，富贵何愁？（《史记·司马相如列传》：“吉曰：长卿久宦游不遂，而来过我。”）

司马相如大喜，于是收拾停当，赶往临邛，在随从夸张的动作与临邛百姓惊讶的眼神中傲然走过县城大街，住进了王吉早已安排好的都亭中。次日开始王吉便天天一大早就登门拜访，相如见了几次之后就托病不见，王吉更显恭敬，就差抬去一箱王老吉了。

而随着司马相如抵达临邛的日子越来越久，关于这位都亭里神秘男子的猜测也越传越悬，临邛一位重量级人物终于坐不住了，向王吉发来请柬，邀请神秘来客一同赴宴。王吉与司马相如相视一笑，意味深长。

富商家里的特殊来宾

请客的是在“临邛福布斯排行榜”上常年盘踞前列、在临邛境内大名鼎鼎的铁商卓王孙。

卓氏祖先原是山东有名的冶铁商，秦灭六国时，其祖父辈识时务主动迁至蜀郡临邛，同时带去了先进的冶铁技术。到汉初，西汉王朝对一切经济活动采取了自由放任政策，“开关梁，驰山泽之禁”，卓王孙以廉价食物招募“放流人民”开采铁矿，冶炼生铁，铸造农具，远销全国各地，因此成为远近闻名的富商，家里光佣人就雇了八百名。蜀郡“护官符”有谚云：临邛卓王孙，土似珍珠铁如金。极言卓家家业之盛。

王吉以县令之尊天天去都亭会见神秘人物的消息早已传至卓王孙耳中，这位富商按捺不住好奇心，决定联合“临邛福布斯排行榜”次席、家里亦有佣人数百的富商程郑，以大宴宾客之名，宴请县令王吉与都亭神秘人——司马相如。

王吉欣然赴宴，到场时卓家已有宾客数百，卓王孙和程郑早已把本县有头有脸的人物都请来了，酒席也已摆好，不过主角司马相如仍然未到。派人相催，得到的回答却是“司马相如说身体不舒服，不能前来赴宴”。卓王孙不由暗暗惊叹：这人果真好大的面子！

王吉见状，饭也不吃了，带上随从亲自赶往都亭邀请。司马相如推辞不过，勉强前来。众人看到这位神秘人物终于露出真容，而且竟如此仪表堂堂、举止文雅、从容大方，顿时全场肃然，有人自惭形秽，有人暗暗敬仰——千种表现万般姿态，化成司马迁笔下的“一坐尽倾”。

酒酣耳热之时，王吉站起身来将手一挥，众人皆知这是领导要发言的前兆了，于是纷纷停止闲聊，大堂顿时安静。王吉铿锵道：相如先生是当今名流，跟随景帝和梁王多年，不但风流倜傥，善写文章，而且极善弹琴，通过了大汉七弦琴八级考试。今有美酒佳宾，请相如弹奏一曲何如？众人齐声叫好，司马相如虽然再三推辞，终究抵挡不住王吉的热情，只好置琴于案，抚弦轻奏一曲，琴声如淙淙流水，席上众人无不如醉如痴。

突然竹帘后有白色身影闪动，司马相如略一抬头，知道有人偷窥，于是微微一笑，换上一首新曲，听众顿觉精神一振。

史上最著名的私奔事件由此拉开序幕。

史上第一私奔事件

躲在竹帘后面偷窥的便是卓王孙才貌双全的女儿卓文君。史载卓文君不但容貌秀丽，且精通音律，善弹琴，颇有文名。《史记》中虽然没有写其相貌，不过东晋葛洪在《西京杂记》中有所补充，称赞文君美貌曰“眉色如望远山，脸际常若芙蓉，肌肤柔滑如脂”。只是文君出嫁不久丈夫过世，遂回娘家寡居，如今听闻司马相如琴声响起，同有弹琴之好的卓文君忍不住在帘后偷窥。

司马相如见卓文君果然中计，心中一喜，抖擞精神认真弹琴，换上一曲《凤求凰》，词曰：

凤兮凤兮归故乡，遨游四海求其凰。
时未遇兮无所将，何悟今兮升斯堂！
有艳淑女在闺房，室迩人遐毒我肠。
何缘交颈为鸳鸯，胡颉颃兮共翱翔！
凰兮凰兮从我栖，得托孳尾永为妃。
交情通意心和谐，中夜相从知者谁？
双翼俱起翻高飞，无感我思使余悲。

需要说明的是，凤凰作为中国古代传说中的百鸟之王，像麒麟一样是雌雄统称，雄为凤，雌为凰——所以陆小凤尽管像个女人的名字，但其实是个有四条眉毛的男人。所谓的凤求凰，便是寂寞求偶之意。

司马相如一曲既罢，听众纷纷鼓掌，却只有卓文君听出了曲中的爱慕之情，偷窥中她也为司马相如的气派、风度和才情所吸引，对这个风度翩翩的帅哥大生好感，只是苦于无法接近。正在卓文君心旌荡漾之际，司马相如已用重金买通卓文君的侍女，并让她传话邀卓文君相约于后花园。文君怦然心动，与司马相如约会之后顿生两情相悦之感，幸福得几乎晕过去，奋不顾身连夜从家中出逃。等到卓王孙心满意足地送走宾客，命人将家中一片狼藉收拾停当，满意于终于见到王县令请来的神秘嘉宾真面目的时候，有家僮惊慌失措地前来报告：

他新寡的女儿卓文君与司马相如私奔了！

卓王孙这才知道上大当了。破费钱财请客，却被客人拐走了女儿，这位临邛首富终于忍不住大发雷霆：我怎么养了一个这么不守礼教的女儿！我不忍心杀你，但我的家产你一分也别想（“女至不材，我不忍杀，不分一钱也！”）！

当卓王孙的怒火如同卓家炼铁厂锅炉里的火焰一样喷发而出的时候，司马相如正和卓文君私奔在通往成都的路上。俩人相视而笑，情意绵绵，除了让对方感受到浓浓爱意，还顺便为中国古典文学作出了不可磨灭的贡献。日后我们会无数次读到“私订终身后花园，落难公子中状元”的传统段子，而其中总有司马相如和卓文君的样子影影绰绰。

司马相如你不懂爱

被琴声挑动心弦的卓文君在对司马相如说出“那我们大家立刻开始这段感情吧”之后便收拾行囊，与司马相如连夜驰奔成都老家，一路上都在勾勒这场注定轰轰烈烈的爱情。天明时分终于抵达成都，司马相如指着面前的房子当场宣布：这就是我们爱的小屋了。

卓文君看着孤零零立在眼前的四面墙壁，几乎晕过去。

当司马迁用几乎白描的方式写下“文君夜亡奔相如，相如乃与驰归成都，家居徒四壁立”时，卓文君的热烈与无奈尽在其中，甚至不经意还顺便创造了一个“家徒四壁”的成语。

但是司马相如似乎并不以此为意，在以穷困潦倒之身成功抱得美人归之后，他觉得自己的责任已经到此为止了。日后两人的生活甚至拮据到了需要卓文君典当自己高档裘皮衣换钱才能维持的地步，但司马相如依旧奉行“三不主义”的态度，即不解释、不提议、不在乎（王立群语），任由卓文君闷闷不乐，黯然神伤。最后卓文君终于忍不住了，告诉这位辞赋高手：如果咱们回到临邛，就是向我的兄弟们借点钱，也足以维持生活，何苦在这儿受穷呢？而《西京杂记》更是描写得绘声绘色，卓文君典当了自己的鹔鹴裘换酒之后甚至抱着相如的脖子哭诉——作者写道：“文君抱颈而泣曰：我平生富足，今乃以衣裘贳酒。”

最终司马相如还是穷得受不了，与卓文君回到临邛，变卖车马买了一处房子开了个酒店，类似现在的酒吧。他让卓文君亲自站台卖酒（“文君当垆”），自己系着大围裙，和伙计们一块儿洗碗。自己的女儿站柜台开酒吧，女婿更是像佣人一样打杂，卓王孙实在感觉丢脸，这位家资巨万的富豪因此大门不出二门不迈（“卓王孙闻而耻之，为杜门不出”），以避免众人的白眼。但终于有人劝卓王孙道：你知道世界上最悲惨的是什么吗？人没了，钱还在！你留那么多钱干什么！卓王孙惊觉有理，终于送了女儿女婿一百个佣人，一百万金，顺便补齐嫁妆。

司马相如长舒了一口气，这下终于有钱了。就像日后有钱人都喜欢搞房地产一样，司马相如也不例外，马上带卓文君回到成都购田买房过上了富人生活，并将自己善于作赋的特长发扬光大。

流传千年的私奔故事至此告一段落，司马相如也在改变了物质生活之后改变了精神生活，很快因《子虚赋》得到汉武帝赏识，俩人一番交谈，司马相如写出了气势更宏大的《上林赋》，武帝大悦。司马相如不但因此跻身汉赋四大家之首（司马相如、扬雄、班固、张衡），也使自己官运亨通，被武帝封为郎官，甚至在蜀地出现危机之时以使者身份前往，作《谕巴蜀檄》，稳定了当地局势。

可惜不久之后司马相如便犯了男人的常见毛病。

后世曾有人归纳导致婚姻破裂的三大罪魁祸首，称乃是外遇、谎言、平淡，我有一朋友对此潜心研究多年，自称有了重大发现，认为导致婚姻破裂的真正的三大罪魁祸首是：手机不设密码、保存网上聊天记录、参加老同学聚会。但对司马相如来说，情况可能远非如此复杂，他只是位高权重之后对卓文君变得审美疲劳而已，于是他每天操心的事情便是如何再纳更多的小妾。

卓文君并没有采取“一哭二闹三上吊”的杀手锏，而是写了一首著名的《白头吟》，以“闻君有两意，故来相决绝”、“愿得一心人，白头不相离”这样的大气诗句，终令司马相如迷途知返，拯救了这场以私奔开始的爱情。不知当卓文君对比今夕，会不会生出纳兰容若那种“人生若只如初见”的哀婉叹息？

晚年的司马相如因为一曲《长门赋》挽救了遭受冷落的陈皇后而更广为人知，多年后辛弃疾在《摸鱼儿》中以“千金纵买相如赋，脉脉此情谁诉”记录此事。司马相如还曾多次上书劝谏汉武帝崇尚节俭，不过死后却遗下《封禅书》造成汉武帝耗费大量人力物力进行封禅活动。

四川邛崃文君井有一联，可谓精确地概括了这位风流才子从私奔开始的生活轨迹，千载之下，读来仍然令人动容——

君不见豪富王孙，货殖传中添得几行香史；停车弄故迹，问何处美人芳草，空留断井斜阳。天涯知己本难逢，最堪怜、绿绮传情、白头兴怨；

我亦是倦游司马，临邛道上惹来多少闲愁；把酒倚栏杆，叹当年名士风流，消尽茂林秋雨。从古文章憎命达，再休说、长门卖赋、封禅遗书。

独孤信

天下第一岳父是怎样炼成的

天下第一岳父

有人曾评选中国历史上最牛的皇帝，最终唐中宗李显光荣当选，因为他不但本人是皇帝（唐中宗），父亲是皇帝（唐高宗），弟弟是皇帝（唐睿宗），儿子是皇帝（唐少宗），侄子是皇帝（唐玄宗），更要命的是他妈也是皇帝（武则天）！于是后人好事者给了他一个极响亮的名字：六位帝皇丸。

相比于六位帝皇丸李显，另一位本应享有同样赫赫大名的人却严重被历史低估了，时至今日知名度依然不高。因为他大女儿是北周皇后，四女儿是大唐皇后（追谥），七女是隋朝皇后——可谓名副其实的“天下第一岳父”。

此人便是西魏时威震四方的一代名将，因战功卓著而至西魏八大柱国之一，官拜大司马、进封卫国公，官职多到每次批文时光找印章都要费掉不少时间的刺史、柱国、大都督、大司马——独孤信。

一般说来，帅有两种层次，第一层次是“帅得惊动全天下”，潘安、嵇康即属此列，不过二位惊动天下之后便丢了性命。更高层次则是“帅得制造全天下”，达到此高度者古往今来莫有能出独孤信之右者，因为三朝皇帝皆是独孤信女婿，设想这样一种场面——仅仅是设想——周、隋、唐三朝皇帝齐齐拎着礼物来拜见独孤信，一起高喊“岳父大人”，太子们则一齐跪着叫外公，这将是怎样一个骇人的场面？

在这一点上，大约也只有日后宋蔼龄、宋庆龄、宋美龄的父亲宋耀如可以在独孤信面前平起平坐一下了，毕竟三个女儿有两个“第一夫人”、一个部长夫人，也算是前有古人后无来者了。

需要补充的是，后来为了解决官衔太多、盖章太麻烦的问题，独孤信想出一记妙招，令人制造了一枚复杂的26面体，在各个面上刻字，制成一枚超级印章——这块以煤精石制成的“独孤印”出土于1981年，不但材料特别，形状罕见，而且创意超前：集多面印文于一体的印章在中国玺印史上实乃独一无二。这位天下第一岳父在造就一群出色女儿之余，还一不小心造就了一枚稀世国宝。

鲜卑第一帅哥

中国有一句口号：“龙生龙，凤生凤，老鼠生儿会打洞。”这条著名的口号虽然很俗却流传甚广，原因就在于它不但符合达尔文的进化论，而且经过千百年的实践证明而颠扑不破。照此推论，能生出三个皇后的父亲自然没有理由是平庸之辈——事实上，少年独孤信不但出身名门，而且仪表出众，乃是鲜卑族第一帅哥，青年时代喜爱修饰，讲究穿戴，在军营之中享有“独孤郎”的美称。

独孤信出身于鲜卑族一个部落酋长之家。魏晋末年，天下大乱，各少数民族纷纷南下入主中原，建立政权。四世纪末北方鲜卑拓跋部异军突起，联合其他部族，重建代国，后改国号为魏，史称北魏。魏初共有四十六个部落，其中鲜卑化的匈奴独孤部地位显赫，它世代与拓跋部王室联姻，北魏开国皇帝拓跋珪的两位姑母，分别嫁给独孤部的首领与王子们，北魏第二代皇帝拓跋嗣的生母亦为独孤氏。

独孤信便出生于这样的一个显贵家族之中，原名独孤如愿，其父为鲜卑部落酋长。

由于有这样的高贵血统相传，独孤如愿天生就一表人才，风度翩翩。并且由于自小生活在辽阔的北方大草原上，独孤如愿受当地尚武之风的感染，百般武艺无所不精，《周书·独孤信传》说他“美容仪，善骑射”。除了大草原上被白雪覆盖而显得了无生机的冬天，和所有鲜卑族人一样，独孤如愿的生活里充斥着骑马、射箭，还有策马扬鞭时的莫名兴奋。

如果历史沿着这样的轨道按部就班，青年独孤如愿便会在不久后继承父亲的酋长之职，日后更会因为娶了皇族拓跋氏的某一位公主而成为皇亲国戚，在未来的史书上留下帅且位高权重的美名。不过可惜孝文帝没学过“不折腾”的教诲，很快他的改革把包括独孤如愿在内所有人的生活都变得面目全非。

孝文帝拓跋宏自幼熟读百家经史，深受汉文化熏陶，亲政后进行了一系列汉化改革，不但将都城从大同迁至洛阳，以汉服代替鲜卑服，还将官方语言由鲜卑语改成汉语，将鲜卑姓氏改成汉姓，甚至自己也带头改姓“元”，取名元宏。

这些改革举措虽然大大发展了鲜卑的经济和文化，也在历史上留下了“孝文帝中兴”的名声，却带来了元宏自己都想不到的严重后果：南迁的鲜卑贵族们倒是迅速汉化，但包括独孤家族在内留在北方戍守边防的鲜卑贵族们则因远离都城而逐渐被淘汰，地位骤降，身份沦落，戍边的鲜卑士兵们生活更是苦不堪言，他们沦为“府户”，世袭为兵，不准迁移，位如奴隶。对现状大为不满的士兵们终于在公元524年初举起造反的大旗，史称“六镇之乱”。

义军迅速壮大，北魏的统治岌岌可危。

二十三岁的独孤如愿在一个晚霞满天的傍晚跨上战马，开始了他的戎马生涯。

西魏第一名将

尽管家道中落使独孤如愿对已汉化的洛阳北魏统治集团深感不满，但他毕竟是一个贵族子弟，义军起义直接威胁到了他的自身利益，所以他很快加入了贺拔度组织的政府军。风华正茂的独孤如愿驰骋疆场，英勇善战，几度出生入死，最辉煌的战绩乃是在激战中与贺拔度一起斩杀义军首领卫可孤，因此声名大振。无奈此时镇民发动叛变，贺拔度不幸阵亡，六镇尽为义军所占，独孤如愿随其家流徙到定州(今河北定县)。

安定下来不久，起义风浪又波及河北，葛荣在定州的左人城（今河北唐县）率军起义，起义军将对统治者的仇恨转嫁到当地北镇流民的身上，无奈的独孤如愿被迫加入义军队伍，成为葛荣的部下。不久在与尔朱荣的战斗中，葛荣麻痹轻敌而致战败身亡，独孤如愿和所有的俘虏一样，觉得自己现在看到的，是此生最后一次夕阳。

这天过后独孤如愿便开始相信，人长得帅真的是能改变命运的。

尔朱荣清点俘虏的时候一眼就看上了这个仪表堂堂、气度不凡的英俊少年，顿时大生好感，简单面试之后得知独孤如愿不但精于骑射，而且是鲜卑贵族，于是不但不加诛杀，反而将他提拔为别将，带在身边。不久，独孤如愿受命征讨义军的残余势力，他在战场上表现十分出色，曾单枪匹马出阵挑战，一举擒获敌方干将袁肆周。

如果此时的独孤郎还只是锋芒初露，那么在随后多年转战南北、久经沙场的岁月里，独孤如愿日渐成长为一代名将。生擒渔阳王袁肆周后，独孤如愿赐爵爱德县侯，后迁武卫将军。534年北魏一分为二，高欢另立孝静帝，自己执掌朝政，并迁都于邺城，史称东魏。独孤如愿单骑随孝武帝西奔投靠宇文泰，被封为浮阳郡公，大统元年(535年)宇文泰另立文帝，定都长安，史称西魏。

大统三年(537年)，独孤如愿跟从宇文泰出征东魏，在沙苑大败高欢亲率的十万大军，被封为河内郡公。随后更与冯翊王元季海一起统兵两万直逼洛阳，并占领了金墉城，大统十二年（546年），官拜大司马。日后更与宇文泰、杨忠、李虎、李弼同列西魏八柱国十二大将军。

如果对这些名字不熟悉也没关系，只要看看他们的子孙就知道分量：宇文泰的儿子宇文觉日后建立了北周，杨忠的儿子杨坚建立了隋朝，李虎的孙子李渊建立了唐朝，李弼则是瓦岗军首领李密的祖父。而独孤如愿，则是杨坚的岳父并兼任李渊的外祖父。

昔日翩翩少年，如今已经成长成为西魏立下汗马功劳的第一名将。

秦州第一潮人

除了是一名英勇善战的武将，独孤如愿还是一名长于治理地方的官员。公元538年独孤如愿出任秦州刺史，他铁面无私、据实查办，将此地治理得井井有条，积压多年的案件尽皆告破，外地人纷纷移民，史称“事无拥滞，示以礼教，劝以耕桑，数年之中，公私富实，流人愿附者数万家”。

数年后政绩考核，宇文泰因其政绩突出、信义卓著而远近闻名，特赐名为“信”，以示褒奖，从此独孤信的大名在秦州广为人知。

在泰州时，独孤信还一不小心当了一次潮流的引导者。

某日独孤信外出打猎，兴致一起便忘了时间，回城之时已是日落时分，城门即将关闭。独孤信为赶时间而快马加鞭，全没注意帽子已被猎猎晚风吹得偏到一旁。泰州城里正吃晚饭的百姓纷纷放下碗筷，走出门来看着满天彩霞映照下鲜衣怒马的刺史歪戴着帽子纵马而过，惊为天人，大家反应过来之后立刻直奔帽子店，将城内存货抢购一空，歪着戴在头顶，希望能有几分独孤郎的风采，这情形就像20世纪80年代一部《上海滩》风靡全国，周润发扮演的许文强以身上的白围巾、黑风衣成为无数男青年的标准装束一样。在《时尚》杂志当年评选出的最佳造型上，独孤信也以这幅“风流侧帽”的形象荣膺冠军，被无数痴男怨女做成大幅画像挂在进门就看得见的墙上。

如果这年西魏统计局的官员们稍加敬业，便会统计出因为独孤信的帽子而使泰州的GDP增加了8个百分点，帽商们自此对其感恩戴德。

不但如此，就连后世酒商也都在开发独孤信的商业价值。有人考证出中国名酒“古井贡酒”取水的那口古井就是受惠于独孤信。据说独孤信的宝剑曾掉入井中，而沾了美男味的水质从此便不同凡响，附近的井水都咸涩难饮，唯有这口井清冽甘甜。千百年来，当地人民一直用这口井水酿酒，现在的古井人，更是专门在上面建起了“古井亭”、“古井园”以示保护和纪念。

此后位高权重的独孤信因为身兼刺史、柱国、大都督、大司马等无数职位，每次写好公文盖章的时候都会头疼无比，于是突发奇想，令人以煤精石制成一枚奇特的26面体印章，其中18个正方形面，8个三角形面。有14个正方形面上都镌刻有印文，分别为“臣信上疏”、“大司马印”、“大都督印”、“刺史之印”、“柱国之印”等，开创了雕制多面印文的印章之先河。

只是稍感遗憾的是，如果独孤信闲暇时候仔细研究一下这枚多面体印章，说不定就能发现其顶点数V、棱数E及面数F间满足关系式$V+F-E=2$，这样不但会在立体几何史留下自己的赫赫大名，还足足领先发现并命名了这个定理的欧拉将近一千两百年。

北周第一冤案

不过自从为大汉朝的建立立下汗马功劳的韩信终于因功高见诛，死前说出“飞鸟尽，良弓藏；狡兔死，走狗烹”的名言之后，便有无数人在为这一论点增添论据，独孤信亦不能免。西魏末年，他始遭嫌忌，虽官爵累加，权力却被架空。

西魏恭帝三年（556年），宇文泰北巡病死，其子宇文觉嗣位，次年称帝，建立北周，不过朝政却掌握在宇文泰的侄子宇文护手中。八柱国之一的赵贵想与独孤信合谋铲除宇文护，还权于宇文觉。独孤信说要考虑考虑，不过这一考虑便出事了，宇文护的毒酒很快就送上门来。原来合谋之事被开府仪同三司宇文盛探知，迅速告到朝廷，宇文护抓捕赵贵，并御赐毒酒，逼令独孤信自尽于家，酿成北周开国以来第一冤案。时年，独孤信五十五岁。

独孤信死讯传出，粉丝们一片哀声，不过他们若是知道独孤信的七个女儿有三个成为皇后，估计心理会稍稍好受些：他把长女嫁给了宇文泰的儿子宇文毓，后来宇文毓成为北周明帝，长女也因此成为北周明敬皇后，生周宣帝宇文赟；独孤信把四女儿嫁给西魏八柱国之一李虎的儿子李昞，这对夫妇后来生下一个儿子大大地有名，因为他就是日后的唐高祖李渊，四女被追封为唐元贞太后。元贞皇后以脾气火爆著称，躺在病床上几个媳妇都不敢过来伺候。独孤信的七女独孤伽罗则嫁给了大将军杨忠之子杨坚，受封隋文帝文献皇后，也就是隋炀帝杨广的妈。孤独伽罗是女权主义的最早倡导者，主张一夫一妻，把老公杨坚玩过一夜情的宫女活活打死，皇帝杨坚还不敢反抗，只能离家出走生闷气。

一人生养三朝皇后，令独孤家族三朝外戚而显赫三百余年，独孤信功不可没。也许优越的遗传基因在其中起了关键作用——只是不知七百年后的南宋年间，那个声名远扬如传说一般的独孤求败，与独孤信可有一丝血缘关系？

慕容冲

翩翩少年的复国梦

大约每一个《天龙八部》的读者，掩卷遐思时，心中都会闪现出一位二十七八岁年纪，身穿淡黄轻衫，腰悬长剑，潇洒闲雅的慕容公子的形象。小说中这位以武功博学而著称于世，尤以一身斗转星移功夫令江湖闻之色变的翩翩公子，放弃应有的大好前程，为了复国而不惜机关算尽，甚至人格扭曲，最终在一群乡下小儿“吾皇万岁，万岁”声中端坐土坟之上，做着自己兴复大燕、身登大宝的美梦，连一旁经过的段誉和王语嫣也不禁摇头叹息：这位慕容公子分明已经疯了。

不疯时候的慕容复多有惊人之举。他身负“复国”重任，为了驸马之位远赴西夏求亲，而甘心让钟情于自己的表妹王语嫣自杀；为了大理皇帝之位而拜四大恶人之首的段延庆为义父，最终亲手杀死忠心耿耿的家臣包不同——此时的慕容复心中，也许会浮现出他某一位祖先的影子：在慕容复出生之前五百年，鲜卑慕容家族中便有人走过慕容复的悲剧复国之路：一样的命途多舛，一样的前路曲折，甚至以男儿之身遭受“床笫之辱”，在敌国的后宫中度过两年多暗无天日的艰难岁月。

不过比慕容复幸运的是，这位历经曲折的“娈童”最终还是复国成功了，虽然旋即身死，亦足告慰平生。

他便是生于前燕升平三年（359年）景昭帝慕容儁之子慕容冲。

从前燕大司马到前秦皇帝的娈童

鲁迅在其作品《呐喊》的“自序”中不无凄凉地写道：“有谁从小康人家而坠入困顿的么，我以为在这途路中，大概可以看见世人的真面目……”然后落寞地回顾自己惨淡的人生经历和弃医从文的往事。如果鲁迅有幸早生若干年，慕容冲看到这句“有谁从小康人家而坠入困顿的么”定会嗤之以鼻：从小康人家坠入困顿就值得大书特书么，我可是从皇室人家直接坠入娈童行列呢。

公元370年，立国仅三十四年的前燕为前秦所灭，十五万大军被一战击溃，不但前燕皇帝慕容暐在逃亡途中被生擒，而且包括慕容冲与其兄慕容泓在内的众多皇室成员皆被当做俘虏运往关中。时年十二岁的慕容冲因为长相清秀而被前秦大王苻坚一眼看上，与十四岁的姐姐清河公主一道被纳入前秦后宫。

在魏晋时期，具有部分高加索人血统的鲜卑慕容部因为普遍肤色白皙、身材颀长，而与当时上流社会讲究的“肌肤如冰雪”的审美情趣相吻合，从而美名远播。以至于在西晋时，京城的王公贵族都把拥有美貌白皙的慕容部侍婢视为财富的象征。

慕容冲，小字凤皇，是前燕帝慕容儁之子，生来便继承了慕容家族的优良基因，甫一出生就注定将长成一个翩翩美少年。于1809年出生在一个清贫的鞋匠之家的美国总统林肯曾形容自己的童年是“一部贫穷的简明编年史”，而慕容冲的童年则刚好相反，乃是一部“富贵的简明编年史”。出生仅仅两个月，在多数孩子每天主要工作只是吃奶和睡觉的时候，慕容冲便已受封中山王；十岁那年，很多同龄人尚穿着开裆裤，慕容冲已荣升前燕大司马，职位相当于国防部长。

事实上慕容冲一共只干了两年的国防部长便赶上前燕亡国了。

建元五年（369年）前燕发生内讧，为人贪鄙的慕容评掌握大权，排挤曾击退东晋桓温北伐军的吴王慕容垂；慕容垂无奈出走前秦，被苻坚收留。苻坚对前燕垂涎已久，只是一直忌惮慕容垂，才不敢出兵。如今最大劲敌已经投诚，苻坚欣喜之下修改日程表，将讨伐前燕的优先级改为最高。同年十二月，以前燕未如期割让土地而违约为借口出兵，先后攻占洛阳、潞川，十万大军兵临前燕首都邺城城下。

慕容评面对来犯之敌大惊失色，先后多次主持记者招待会。主张人不犯我，我不犯人；人若犯我，我能忍忍；人还犯我，一忍再忍；人再犯我，一忍到底。不过这番讲话仍然不能打动苻坚，他亲率大军攻破邺城，生擒皇帝慕容暐，将慕容冲与其兄慕容泓在内的皇室成员押往关中。

当长相清秀、被史书称为“龙阳之姿”的小正太慕容冲、还有他那比：*PLAY BOY* 封面女郎更正点的萝莉姐姐清河公主被一并打包送到苻坚面前的时候，苻坚几乎傻眼：跟他们一比，后宫三千佳丽都成了芙蓉姐姐。于是他毫不犹豫地将姐弟俩同时纳入后宫，年仅十二岁的慕容冲也从此成为其娈童。

苻坚以实际经历告诉我们：有钱人包二奶不择手段，有权的人包二奶不择性别。

老男人和小男孩的不伦之恋

出生于338年的苻坚灭燕时三十三岁，正当壮年，得到慕容冲姐弟后便对他们宠爱备至，经常招他俩一同侍寝。事实上苻坚其人在历史上的评价相当正面，不但绝非残暴鲁莽的君王，反而是个开明大度、高瞻远瞩、善于纳谏而颇具雄才大略的一代英杰，但“姐弟门”事件对其形象造成极大冲击。

很快苻坚同时宠幸未成年姐弟的故事便飘出宫墙，成了当时人茶余饭后的一大谈资，甚至在前秦都城长安开始流传一部“一雌复一雄，双飞入紫宫”的童谣，令苻坚大伤脑筋。除此之外，大秦国家电视台某日做了一场民意调查，命记者上街随机采访，遇到行人便问“你幸福吗”——不对，问的是“你对大秦天王苻坚怎么看”，采访到一个小姑娘时对方回答“上次我听大人闲谈，他们说到大王从燕国带回一对童男童女，很黄很暴力，我赶紧走开了”。

需要说明的是，“娈童”行为在魏晋年间已屡见不鲜，到了明朝风气转盛，甚至有了专门为男妓提供的卖淫场所，称为“南院”；清代淫狎娈童几乎已无禁忌，纪昀的《阅微草堂笔记》载“有书生嬖一娈童，相爱如夫妇”，而《红楼梦》中还有薛蟠和邢德全为两个娈童争风吃醋的桥段。

尽管如此，像苻坚这样同时招慕容冲姐弟俩侍寝的做法还是匪夷所思，何况苻坚虽英雄过人，却是五短身材、其貌不扬，《晋书》上写其“臂垂过膝，目有紫光”。可是眼前这个丑陋的男人不但灭了自己的国家，杀了自己的亲人，还要与自己朝夕相处甚至肌肤相亲，对慕容冲而言可谓摧残。

从此在这个少年屈辱的心中埋下了复仇的种子，如果此时年幼的慕容冲发出急欲摆脱娈童生涯的“呐喊”，便应当写出这样的文字：

我在年轻时候也曾经做过许多梦，后来大半忘却了，但自己也并不以为可惜……有谁从皇室人家直接坠入娈童行列的么，我以为在这途路中，大概可以看见世人的真面目。我有两年多，曾经常常——几乎是每天，出入于苻坚的寝宫里，年纪可是忘却了，总之是寝宫里的大床正和我一样高，苻坚却比我高一倍……

这是怎样的非人的生活呵！

你怎么舍得我难过

三年后，苻坚一生最信任的朋友，也是前秦的宰相王猛，实在不忍看到苻坚辛辛苦苦建立起的“仁君”形象就毁在“姐弟门”这事上，于是苦口婆心竭力相劝，让苻坚不要再给自己的形象抹黑。苻坚曾将王猛比作姜尚，称有王猛在，自己就能优游自息，听闻谏言后便忍痛割爱，将心爱的娈童慕容冲外放当了平阳太守（今山西省临汾市）。

那年慕容冲刚刚十五岁。

史书上没有记载慕容冲随后数年的经历。但从他十年后的表现来看，两年的屈辱生活和心理压抑造成了他极大的心理扭曲，早已深深地埋下了一颗“复仇”的种子。没有证据表明他像自己很多年后的晚辈慕容复那样为了复国而不择手段，为了借西夏国之力，甘愿赴西夏求亲，甚至让表妹自杀；为了借大理之力，又拜段延庆为义父，而不惜杀死家臣包不同。应该说，慕容冲在平阳度过了隐忍的十年。

但苻坚似乎对这个娈童动了真情。送走慕容冲后，京城又开始流传一部“凤皇凤皇止阿房”的童谣，苻坚想到三年中与慕容冲在一起的欢爱时光，不禁神情落寞，因为慕容冲小字凤皇，于是苻坚在阿房城种植了数十万株的梧桐修竹，希望借此召唤“非梧桐不栖，非竹实不食”的凤皇慕容冲，能跟凤凰栖竹一样，来与他鸳梦重温。

慕容冲真的来了，手持利剑，面带血光。

这时已经是公元384年九月。

一年之前苻坚因“淝水之战”惨败，导致前秦对境内各族的控制力减弱，北方大乱。已经二十五岁的慕容冲整合了自己与哥哥慕容泓的部队，在叔叔慕容垂起兵于河北之后，杀气腾腾地奔向长安。

慕容冲最大的创意，乃是充分利用了自己英俊貌美的特征，将自己的粉丝团组成了一支女子拉拉队，他让每个女子手持装满灰土的布袋及长槊排在阵后，两兵交接，他一声令下：班队何在！拉拉队便冲上来，拆开灰土袋，顿时烟雾漫天，很快大破苻坚之子苻晖军，苻晖羞惭自杀，慕容冲将长安团团围住，上演了一部一千多年前的《十月围城》。

长安城楼上，已是四面楚歌的苻坚看到城下如狼似虎的军队，不禁心惊——淝水之战时他把山上的草木都当成了东晋的军队，不但创造了“草木皆兵”的成语，还让自己有些神经衰弱——问旁人道“此虏何从出也？其强若斯”。待得知敌将乃是慕容冲，于是在城头喊话：你们这群小奴顶多只能放放羊，何必来这里送死？白马银枪的慕容冲以近乎歇斯底里的口气地喊出了他压抑在心头十多年的话：

“奴则奴矣，既厌奴苦，复欲取尔见代！”（不错，我们是奴隶，所以已经受够了奴隶的苦，今天也让你尝尝做奴隶的滋味！）

余情未了的苻坚看到自己栽种多年的梧桐修竹如今早已枝繁叶茂，而且也终于引来了朝思暮想的凤皇，并不死心，命使者向慕容冲赠送锦袍一件，并让使者传达：你率军远道而来，定然疲惫，今送你这件锦袍，表达朕对你的关怀，你怎能一日之间就忘了从前的情分？

慕容冲心底的仇恨终于释放，在粗暴地回绝了苻坚之后，他将使者送来的锦袍撕得粉碎，俊美的脸庞因为愤怒而变得令人恐怖。慕容冲面对长安城，就如同陈冠希面对香港，时时忆起自己不堪的过往。

慕容冲率大军杀了进去。

基情燃烧的岁月

从公元384年九月到次年五月，慕容冲与苻坚这两个昔日爱人，今日仇雠，在战场上放手一搏。昔日的美少年慕容冲如今尽力地释放自己的阴冷和暴虐，一代枭雄苻坚也身着甲胄，亲自在城楼督战。不过时年四十七的苻坚毕竟已是英雄迟暮，如何抵挡年富力强的慕容冲？长安城内陷入一片混乱，物资匮乏之下甚至发生了人吃人的惨剧。苻坚设宴犒赏将军，诸位将领则偷偷地将肉含在嘴里，回家吐出来给老婆孩子吃（“时长安大饥，人相食，诸将归而吐肉以饴妻子”）。

385年五月，看到手下忠心耿耿的战士一个个战死，连爱婿兼爱将杨定也被生擒，一代枭雄、北部中国的霸主苻坚终于一声长叹，带着数百轻骑逃出长安，两个月后被叛将姚苌派人缢杀。早已杀红了眼的慕容冲则终于杀进了长安。压抑了十余年的仇恨终于得到了完全的爆发，他令将士们疯狂屠城，这个曾经以他的受辱为八卦的城市，顷刻之间，化作地狱。

连续数日的屠城，让慕容冲在到处是血腥的杀人派对里，享受了复仇的快感，却令他迅速走向毁灭。在385年初得到前燕皇帝慕容暐死讯后，慕容冲随即在阿房继承皇位，建立西燕，完成了复国的大业，但此时已经杀疯了的慕容冲却已无力管理同样杀疯了的将士。将士们渴望东归回到鲜卑故地，不过慕容冲贪图入据长安的安逸，又畏惧慕容垂的强大，因而不肯东归，遂致军心思变。公元386年二月，慕容冲被部将韩延所杀，此时他只让苻坚在黄泉路上等了他八个月。

多年以后，有人写下一曲《凤皇》，来纪念这个因仇恨而残暴的美貌男子，悠扬曲声中，闻者肠断——

你曾说要找梦的版图，说要摆脱命运桎梏；
凤皇凤皇，你飞得辛苦，为何不停下脚步。
凤凰花绽放成你末路，梧桐看穿你的踌躇。
凤皇凤皇，你洗净铅华，为何不踏归途？

你在烈火中涅槃痛哭，是忘记回家的路，
梧桐叶披肩，阿房擂响了战鼓。
你遥遥回首的恍惚，撕裂锦袍的剑弩！

宋文公

俏脸换来万里江山

宋昭公九年（前611年）前后的公子鲍过得很郁闷。

这已经是其兄宋昭公杵臼在位的第九个年头，距离他自己由公子鲍变成日后的宋文公则尚需时日。虽然宋昭公为人残暴、治国无能已成朝野共识，公子鲍努力树立自己礼贤下士、体恤民情的形象已颇见成效，甚至在宋国的民意支持率遥遥领先其兄，因而在《史记・宋微子世家》及《左传・文公十六年》中分别留下了“昭公无道，国人不附”和“昭公无道，国人奉公子鲍以因夫人”的记载，但他却悲哀地发现，杵臼的王位仍旧无可动摇。

如果时光前进两千六百年，公子鲍倒是可以组织参议院发起弹劾昭公案，那么宋昭公就会替换“水门事件”的主角尼克松，成为历史上第一位因遭受弹劾而引咎辞职的总统。不但《左传》等书可以据此大书特书，中国的法制史也会因此彻底改写——但这对于连宪法一词都没听过的公子鲍，又实在过于超前了一点。

除此以外，被《左传》描述成“美而艳”的极品帅哥公子鲍，最近还遭遇了一桩艳遇，一位倾倒于他的美貌的女性频频向其示好。一般来说，有人对自己表示好感总是一件值得开心的事，但是令公子鲍极度郁闷的是，这个女人非同小可，若论年纪是他的阿姨（年长自己二十多岁），若论辈分竟是他的祖母！

她便是宋襄公的夫人、当时权倾朝野的太皇太后王姬。

帅得撩动老祖母

日后的宋文公、此时的公子鲍因为自己外形英俊而在宋国上下享有极高的知名度，二十多年里其实也早已习惯了女性的垂青——事实上人们对于美貌异性的好感直到今天仍是一个普遍存在的社会问题。日本著名经济学家森永卓郎便在研究中指出，面对这个社会的不公平，“大家总是只关注收入的差别，很少有人注意到相貌的差别才是一个更为严重的问题。长得帅的人容易获得女性的青睐，这表明女性往往都把注意力集中到同一部分男性身上”。

因此他提出用征收“帅哥税”的方法实现社会公平，具体方法乃是将帅哥的所得税翻番，相貌不占优势的人所得税减少一至两成，以为后者提供更强的竞争力。需要说明的是，目前日本最高所得税率为40%，森永卓郎认为高收入的帅哥须缴纳80%的所得税——我还没见到日本国内对此提议的反应，但是公子鲍肯定会对这一提议表示强烈不满，因为这样一来，他缴完了税仅靠收入的20%就基本没法生活了。

在森永卓郎的构想里，是否为帅哥的评审工作应当由不持偏见的女性裁决，但这一点实现的难度可想而知，尤其是当评审团中出现宋文公的祖母这样的女性时——她们是很难做到面对帅哥仍然不持偏见的。哪怕二十多年里早已习惯了女性的垂青，公子鲍仍然对自己帅得惊动了老祖母表示不解，当他在看到自己的奶奶居然对自己表达爱意时，不由大吃了一惊。

说到公子鲍的奶奶王姬，便不能不说到他的爷爷宋襄公。

死于公元前637年的宋襄公一辈子就是个笑话。襄公虽是小国之君，却一直心怀一个伟大的梦想，那就是称霸诸侯。不过苦于宋国国力有限，无力进取。前643年齐桓公病逝，齐国发生内乱，为宋襄公提供了绝好的机会，于是他趁机率领卫国、曹国和邾国等四国人马打到齐国，与齐人里应外合平定内乱，拥立齐孝公。宋襄公因此小有名气，他觉得自己终于有资格继承齐桓公的霸业了，乃祭起“仁义”的大旗，号召诸侯会盟，借以提高自己的声望。结果南方大国之君楚成王毫不买账，对宋襄公的不自量力之举甚为恼火，在会盟大会上将宋襄公当场逮捕，然后押着宋襄公攻打宋国的首都睢阳。

虽然宋襄公随后在鲁国的调停下得以被释，但回国后越想越觉得窝囊，发誓要报仇雪恨，务必洗刷这等奇耻大辱。当然直接出兵攻打楚国是不现实的，宋襄公虽然恼怒，却也知道以卵击石的下场，于是发兵攻打楚国的附庸郑国。楚成王为救小弟，率兵攻打宋国，与宋军战于泓水，发动了令宋襄公名垂千古的泓水之战，宋襄公也因此役中表现出的“仁义”之举沦为笑柄。

前638年十月底，宋襄公为阻击楚军于边境地区，屯兵于泓水以北，等待楚军到来。十一月初楚军进到泓水南岸，并开始涉水渡河，此时宋军已列好阵势，随时可以出击。宋大司马子鱼鉴于两军众寡悬殊，建议宋襄公把握战机，乘楚人半渡之时予以截杀。但宋襄公却以宋军乃仁义之师为名断然拒绝，放任楚军顺利渡过泓水布列阵势。此时子鱼又劝宋襄公趁楚军列阵未毕发动攻击，襄公再拒绝。一直等到楚军布阵完毕、一切准备就绪之后宋襄公才击鼓进军，很快宋师大败，襄公本人也被敌人一箭射在大腿上，面对将领的抱怨，襄公仍然振振有词："君子不重伤，不禽二毛。古之为军也，不以阻隘也。寡人虽亡国之余，不鼓不成列。"意思是仁义之师作战，不打击已经受伤的人，不俘虏头发花白的人，不利用地形优势，不攻击没有排好队形的对手——可第二年夏天宋襄公便因腿伤过重，带着满脑子仁义礼信的用兵教条和争当霸主的夙愿死掉了，留下二三十岁的妻妾成群，其中便有周襄王的妹妹，王姬。

如果宋襄公知道自己死后二十七年，自己的宠妾竟然爱上自己的孙子，说不定要气得从坟里爬出来。

奶奶的爱情杀手锏

至于王姬如何向自己的孙子示爱如今已不可考，同样不可考的还有年轻的公子鲍得知祖母心事时的心理活动。但可以想见，他必定马上想到了自己仁义为先的爷爷宋襄公。虽然泓水之战标志着西周以来"成列而鼓"为主要特色的礼义之兵寿终正寝，但跟自己的祖母搞暧昧，多少有点不符合"仁义"的教义。

2012年，某高校大四男生向他心仪的女生送出了一封用212天时间写的16万字情书，这封情书包括散文、诗歌等多种文体，内容主要是回忆两人在一起做的事或借景抒怀，他将其装订成册并取名《我不愿让你一个人》。收到情书的女孩十分感动，然后拒绝了他。公子鲍在看到奶奶的示爱并在心中回忆完自己的爷爷后，非常内疚，然后拒绝了她。

《左传》以简洁的笔调记载此事："公子鲍美而艳，襄夫人欲通之，而不可。"

但是王姬并没打算就此罢休。一般而言，一个寡妇心中压抑的能量，是与她守寡的时间长度成正比的，好比弹簧，压缩越紧，反弹力越大——这就是著名的胡克定律了——王姬是一个聪明的女人，宋襄公去世的时候，她还不到二十岁，就能把宋成公玩弄于股掌之间长达十七年之久，足见其手腕之高明，堪称开中国垂帘听政之先河的第一人。日后宋成公为了表示对她的"忠心"，干脆放弃了姓氏（宋国国君是商纣王的庶兄微子启的后裔，公爵，子姓），跟着她姓王（姬姓），原名子臣，改名为王臣。成公去世，王姬辅佐昭公，事实上大权独揽。

求爱失败的王姬马上想出了另外的办法，公子鲍不是喜好布施吗，我就帮你布施。

《左传》中对公子鲍的外貌只有三个字的评价，"美而艳"。但这并不是他之所以出名的原因，公子鲍除了人帅，还十分精明且颇具野心。昭公七年宋国发生饥荒，公子鲍不但拿出自己所有存粮施舍国人以赈灾，对超过七十岁的老人，无一遗漏，并按时令加送珍贵食品，还亲赴灾区安抚灾民，面对一片荒凉景象，不禁垂泪：对不起，我来晚了！除此之外还结交六卿，礼贤下士，颇有日后战国四公子之风。

很快王姬有左右献策：既然夫人求爱不成，不如走迂回路线投其所好，帮着公子鲍积累民意啊！（“公子鲍不从，夫人可助公子鲍施舍于民，以结其心。”）

王姬深以为然，于是出现了《史记·宋微子世家》所称的“乃助之施于国”的景象，宋国境内好人好事不断，马路边随时都有人守着扶老人过马路，孤寡老人家里也随时有人帮着洗衣烧饭，而且做了好事大家都会留名“公子鲍”，就跟很多年后大家做了好事都留名“雷锋”一样。

得了好处的国人对比昭公的昏庸无道与公子鲍的乐善好施，自是感恩戴德，于是在各种场合表达对公子鲍的感激之情，甚至公然支持公子鲍与襄公夫人结为同好。公子鲍见祖母送来如此厚礼，自己总得表个态，而不能一直决然地拒绝下去。于是在不久之后半推半就，一咬牙一闭眼地投入王姬的怀抱了，《左传》乃称“国人奉公子鲍以因夫人”。这个“因”字，大有讲究。

专家意见：不伦之恋符合法理

虽然今天的《婚姻法》规定直系血亲和三代以内的旁系血亲禁止结婚，而且类似非亲生祖母下嫁孙子的行为也无异于乱伦，但在春秋时期，这算不上大逆不道，而是趋于合法，甚至孙辈对祖父辈妻妾的收继婚还有一个专用词语：“因”。

江晓原在其《性感：从性感看性学和性文化》一书中分析了春秋时期晚辈对于长辈妻妾之收继婚的现象，按辈分不同分为蒸、报、因。其中，儿子对于父亲的妻妾（生母除外）之收继婚称为“蒸”，侄儿对叔伯妻妾的收继婚称为“报”，孙辈对祖父辈妻妾的收继婚称为“因”。“蒸”在春秋时代是完全合法、有效的正式婚姻，是得到各诸侯国普遍承认和接受的，《左传》中记载了各国贵族实行“蒸”的事例共五次，例如卫国的昭伯“蒸”于宣姜，与她生了三子二女，后来二子先后成为卫国国君，二女则出嫁为宋国和秦国国君的夫人，身份丝毫不逊于正妻嫡出。

除此之外，《左传·宣公三年》载有郑文公“报”其叔之妃陈妫事，而宋文公“因”其祖母襄公夫人的事，也成为春秋时少数见诸史籍的“因”婚案例。只不过至春秋后期，“报”、“因”以及“蒸”这类异辈收继婚作为公开合法的婚姻制度已在中原地区消失，只在周边少数民族历史上存有此类收继婚的记载：如汉元帝时和亲匈奴的王昭君，便先后嫁给呼韩邪单于父子，而留下“不藉雄兵千百万，琵琶一曲静胡尘”的千古佳话。

因此若有两千六百年前的专家坐在电视机前侃侃而谈，就会用抑扬顿挫的语调告诉王姬：你这种做法虽然令后人想不通，却是符合春秋时期的法理的——放心去爱吧！

俏脸换来万里江山

既是两情相悦，再有国人支持，加上法理完备，王姬与公子鲍这对无论是身份还是年龄都不匹配的有情人还是终成眷属了。王姬费尽心血才得到孙子的心，自然备加珍惜，除了继续命人学雷锋署公子鲍之名，还决定送他一份大礼：王位。

于是在公元前611年，王姬见时机成熟，乃设下一计，让宋昭公去孟诸（今河南商丘）打猎，趁机将其杀死。宋昭公也实在昏庸已久，眼看国人反对自己，祖母不支持自己，兄弟公子鲍又对自己的王位虎视眈眈，居然无动于衷，表现得极为配合，在王姬安排好的日子里，带着一身行头上路了：除了狩猎工具，他还将自己的全部财产一并带上，各类珍奇珠宝装了一筐又一筐。有大臣看出了王姬与公子鲍的阴谋，劝谏他守在都城，昭公道：他们如果真的发动叛乱杀我，我即使留在都城，也是不能幸免的啊！

昭公整装出行，终于如期赶往孟诸，如期遇到王姬派去等待已久的伏兵。昭公把珍宝赐给左右侍从，让他们离开，自己则被杀死。公子鲍顺理成章即位为宋文公，在位二十二年。至于和王姬的感情生活如何，无论是《左传》还是《史记》都没有记载，那谁也无从得知了。

不过王子和公主的故事注定是要经过诸多磨难的，宋文公即位不久，晋灵公即派大将荀林父与诸侯出兵伐宋追究此事。联军包围宋国都城，质问何故弑宋君昭公。宋文公赶紧遣使贿赂各路诸侯，又以“昭公无道”告知，痛哭流涕道：不是我要当国君，是全国人民选我当国君啊！

荀林父见使者哭得真诚，又见文公将宋国治理得井井有条——学雷锋活动还在继续呢——也就率兵返国，诸侯皆承认文公的合法地位，弑君之事也就不了了之。虽然没能让其兄杵臼替代尼克松成为第一位因遭受弹劾而引咎辞职的总统，不过公子鲍自己竟因为太帅而成为一国之君，在历史上留下了惊人一笔，亦让日后无数长着一张英俊的脸却只是靠脸吃饭者何其汗颜！

董贤

“红颜祸水”不是女性专利

一场午觉也能睡出一个成语？

这个在今天看来几乎不成问题的问题在古人眼里似乎并不如此简单，起码王羲之就会回答一声“能”。东晋成帝时期，太尉郗鉴有一女视为掌上明珠，因欲结交丞相王导，又听闻王家子弟甚多且才貌俱佳，便派一名门客前往王家选婿。王府子弟虽个个青年才俊，面对选婿者无不争相表现，门客正迟疑间，突然发现东边书房床上一位青年人袒腹而卧，旁若无人，回头便将情形告知郗鉴。太尉大喜，认为此人为人豁达，便以女嫁之——这位袒腹者便是王导堂侄、后世被称为“书圣”的大书法家王羲之，而“东床快婿”也因他这一觉成为称赞有女之家嫁得好归宿的代名词。

与露着肚皮酣睡而显得颇为豪放的王羲之相比，另一个同样一觉睡出一个代名词的人就显得拘谨多了，此人便是西汉哀帝的男宠董贤。建平（公元前6年至前3年）年间，汉哀帝刘欣宠幸董贤，两人时常同眠共枕，这天午后二人一番缠绵，董贤酣然入梦，不自觉地将头枕到了哀帝的衣袖上。哀帝醒后打算起身，却见董贤仍在梦中，他不忍打搅心爱之人的好梦，便命人用刀将自己的衣袖割断，再轻轻起身。此举不但产生一个“断袖之癖”的成语，也让“断袖”一词成为同性恋的代名词。

不知董贤若是事先知道自己这一场午觉竟有如此重要的文化意义，会不会入眠前把自己的脑袋摆摆，以让睡姿更加优美一点？

皇宫角落里的报时人

除了创造出“断袖之癖”的成语影响了中国文化，董贤还因为貌美在更大程度上影响了西汉历史——这一点从班固为他在史书上留的位置可以看出来，因为只要一翻开《汉书·佞幸传》就可以发现董贤的传记。除此之外，班固还评价其“进不由道，位过其任，莫能有终”。他因自己的美貌吸引了哀帝的全副精力而致朝纲不振，导致朝野怨言充斥，让本就江河日下的西汉朝廷更是乌烟瘴气，更为王莽得以掌握大权、篡夺汉室打下了坚实基础。

没有理由怀疑哀帝不曾熟读史书，那么他肯定早已熟知各种导致亡国的女色，例如受夏桀专宠而致不理朝政的妹喜、怂恿纣王将忠臣比干剖腹挖心的妲己、令幽王为博一笑不惜烽火戏诸侯的冷美人褒姒等，大臣们也早已向他灌输“红颜祸水”的理论，但哀帝终究以实际行动告诉他们：除了漂亮女人，长得好看的男人同样可以祸国。

董贤完全是因为自己出众的相貌而得到他日后所拥有的一切的。《汉书》中称他“为人美丽自喜”，是史书上为数不多以“美丽”描写男人外貌的例子。不过董贤虽面貌清秀，却无其他过人之处，是一个不折不扣的小人物。其父董恭在汉成帝时官至御史，董贤也借光做了太子舍人，担任类似如今秘书、侍从之职。哀帝即位，他因跟随太子之故升为郎官，干了一份主管报时的工作——此时距离1657年惠更斯发明摆钟时日尚早，董贤自然研究不出钟表的工作原理，当时计时工具皆用沙漏，于是不难设想，董贤必定每日盯着面前的沙漏，看着细碎的沙子如同时光一样缓缓流淌，感慨自己大约这一辈子都要以当一个闹钟了。

两年时间很快过去了。两年内发生了很多变化，对董贤来说，最大的变化是他从一个帅哥，变成了一个——大帅哥。尽管如此，彼时又没有年终考核，闹钟走得再准也是本分，何况皇帝没有理由从宫中众多面孔里记住一个闹钟的模样，不出意外，董贤还得继续当一辈子的闹钟。他每天守候在偌大皇宫的一隅，希望有人的惊鸿一瞥能改写自己的命运。

当两年后董贤轮班担任宫殿下的报时员时，他的梦想成真了。某日哀帝从殿上经过，一眼便看到这个美貌郎官低头观察沙漏的侧影，心中一惊，一下子把千余年后林黛玉第一次进到贾府见到贾宝玉时的台词说了出来：好生奇怪，这个帅哥倒像在哪里见过一般，何等眼熟到如此！继而恍然大悟，殿下那位不是巴黎圣母院敲钟的卡西莫多，不对，不是舍人董贤吗？董贤急忙叩头称是。

哀帝连连感叹：都说女大十八变，男的也一样啊——这大概是最早能证明男女平等的实例了——几年不见，董贤居然出落得如此俊俏，相形之下六宫粉黛都成了无盐女了嘛。于是将董贤提拔为黄门郎（侍从皇帝、传达诏命的官员），命他随身侍候，相处数日后感情迅速升温，很快达到宫内同辇而坐，出宫同车而乘，甚至睡觉时都要同榻而眠的地步。

床头上王的男人

两个男人竟同床共枕，这在20世纪80年代是要被判处流氓罪的，不过没人敢判哀帝刘欣的流氓罪，甚至没人敢说他闲话——因为西汉皇帝们有纳男宠的传统，自高祖刘邦始，除了被废的三个少帝，一共十二任皇帝中纳过有名有姓的男宠的便有九位，当然，与董贤一样，男宠们的事迹都在《汉书·佞幸传》中。

刘邦宠爱的男色是籍孺，惠帝则宠爱闳孺，这俩人没有什么特别的才能，只是长得漂亮，举止柔婉，惹人怜爱，史书记载他们“与上同卧起”，就是与皇帝一块儿睡觉。武帝宠幸长得漂亮且善于骑射的韩嫣，甚至许之自由出入宫禁，不过韩嫣将此特权玩得过火，日后竟淫乱后宫，终被太后赐死。除此之外，景帝、昭帝、宣帝、元帝都有男宠，尤其汉文帝为最，他超越父兄，一人招纳三个男宠，外出旅游亦令陪侍左右。一次文帝生病身上流脓，男宠邓通竟用嘴把脓血吮吸干净，文帝无限感动，问邓通：天下谁最爱我？邓通回答：当然是太子。不久太子看望文帝，文帝指着脓疮，让他吮吸，但太子面有难色，很不情愿。

尽管西汉皇帝祖传好男色，但汉哀帝还是青出于蓝而胜于蓝，达到了登峰造极的地步，大约这也与董贤不仅长得像美女，言谈举止也十足地像女人有关。《汉书》说他“性柔和”、“善为媚”，哀帝遂不但将后宫佳丽弃诸一旁，独宠董贤一人，还像热恋中热衷赠送礼物的小男孩一样，疯狂地把财富和权力作为礼物送给董贤。吟完“最是那一低头的温柔兮”不足一月，哀帝就“赏赐累巨万”，震动朝廷。此后礼物更加惊人，不但将董贤提拔为驸马都尉侍中，还认真向大臣们诠释何谓“一人得道鸡犬升天”，先是征召董贤父董恭为霸陵令，旋又升任光禄大夫；再任命董贤老丈人为将作大匠，掌建宗庙、路寝、宫室、陵园的土木工程，这可是一个流油的肥差；又将董贤小舅子任命为执金吾，掌握保卫京城和宫城的禁兵。甚至董家的僮仆都受哀帝赏赐，赐予的名器珍宝不计其数。

如果说21世纪初世界上三个最有权力的人是美国总统、俄国总统，还有一个美国导弹核潜艇的舰长，那么公元前1世纪末，世界上最有权力的三个人便是汉朝皇帝、汉朝皇帝、汉朝皇帝。反正普天之下莫非王土，哀帝再怎么乱来都算得上正当行使职权，但是在俩人同寝并发生“断袖”之事，哀帝打算破例册封董贤为侯的时候，朝中大臣的不满还是终于爆发。

汉末“马斯洛需求定理”的证明者

根据马斯洛需求定理，人类需求从低到高依次为生理需求、安全需求、情感需求、被尊重的需求与自我实现的需求。没有证据显示哀帝接触过这套20世纪的理论，但这并不妨碍他在让董贤的生理、安全、情感需求依次得到满足之后，要帮董贤完成被尊重与自我实现的需求——他决定赐给董贤一个爵位。

因为爵位是汉代人地位的象征。

但纵然作为当时世界上最有权力之人，哀帝还是发现他的行为受了制约，因为高祖刘邦曾给他的后世子孙们立下了一条“非刘氏不得王，非有功不得侯”的规定，当年强势的吕雉想封吕氏同族为王都左右为难，哀帝自是不敢有所违抗，作为报时者和男宠的董贤为朝廷、国家作出什么贡献了呢——总不能因为他报时报得准就封侯吧，那公鸡还报得更准呢。

不过办法总比困难多，恰好此时有官员告发东平王刘云夫人诅祝（祈祷神明加祸于人）天子之事，交刑部治罪。刘云夫人对罪行供认不讳，很快被押入大牢，告发者则因功可以封侯。哀帝大喜，将告发功劳记在董贤身上，于是名正言顺地册封董贤为高安侯。

但是这种舞弊的行为很快招致大臣的反对，丞相王嘉认为诅祝案存在冤情，要求重审；并认为董贤被破例提拔已打乱了国家的纲纪制度，因此数次谏诤哀帝进行整治。热恋中的哀帝正与董贤爱得死去活来，于是给这位正直的丞相安了一个“言事不当”的连坐罪名，将其下狱，不久王嘉便在狱中抑郁而终，成为哀帝爱情的牺牲品。

成功封侯不久，哀帝罢免了舅父丁明大司马（三公之一，地位相当于丞相）之职，将其授予董贤，并加封卫将军。汉武帝后实行内府执政，大司马是朝廷内军政首脑，位在三公之上，年仅二十二岁的董贤因此成为西汉帝国“二号首长”。连来访的匈奴单于都惊诧于天朝上国竟有如此年轻的首辅大臣，不由出言质疑，莫非有黑幕？汉方发言人赶紧解释：大司马虽然年轻，但所有升迁都是公开透明进行的，经得起推敲和质疑，你想太多啦（“大司马年少，以大贤居位”）。单于听完肃然起敬，赶紧起身相拜。

谁说女性才能成为“红颜祸水”

被爱情冲昏头脑的哀帝不久之后几乎干出一件空前绝后的事。一日哀帝在未央宫麒麟殿大宴群臣，董氏一门皆在席中，他微笑地看着眼前风情万种的爱人，对群臣道：吾欲法尧禅舜，何如？群臣大吃一惊，因为效法尧舜便意味着禅位董贤——素受哀帝信任的中常侍王闳一看哀帝要将大汉帝国有限公司股份完全转让，赶紧进言：天下非陛下私有，理应传承基业于子孙后代。陛下应当清楚君无戏言之理！要爱情不要江山的恋情在史上可谓绝无仅有，哀帝默然不语，以后虽再不公开提及此事，却从此冷落王闳。

可惜哀帝虽不曾将政权拱手送人，日后却也罔顾大汉帝国已江河日下的事实，每日只是与董贤厮混而无心治国，身为大司马的董贤则利用权势大肆提拔亲信，致使朝廷一片乌烟瘴气，国势更加衰弱。诸臣虽对哀帝彻底失望，却也不忍看到大汉帝国就此崩溃，乃进言相劝不可因色误国，指出大汉帝国的衰落与哀帝董贤的爱情摆脱不了干系。哀帝作社论一篇加以反驳，题为《要正确认识大汉的国势衰落》，概要如下：

一是要人们知道，大秦帝国也曾国势衰落，这是世界难题；

二是皇帝与全国人民一起面对衰落，有难同当；

三是没有证据显示皇帝谈恋爱会引发国运衰落；

四是董贤为国家作了很多贡献，为什么你们只看到不好的一面；

五是要把坏事变成好事，经济衰退了，污染源就没了，大家能呼吸到更新鲜的空气。

公元前1年，年仅二十五岁的哀帝刘欣带着对董贤无限的爱死去了，也许是纵欲过度，也许是乐极生悲——但这有什么区别——只留下一个如遇晴天霹雳，天塌地陷的董贤。董贤的感觉很对，很快其掌握军政大权的大司马、卫将军官职被废，府邸被抄，董贤惊惧之下与妻子一同自杀，去追随爱人的脚步。不过太后惟恐董贤诈死，竟派人刨坟掘墓以加确认。

董贤死后，其官职传至外戚王莽手中，继任大司马的王莽兼管军事令及禁军，手握大权，随后立汉平帝。公元5年将之毒死，立年仅两岁的孺子婴为皇太子，王莽则代天子朝政，称“摄皇帝”。三年后，王莽迫子婴禅让，自立为帝，改国号为“新”，篡夺汉室。

王莽的帝位并没有保持多久，很快他的改革之举宣告失败，民怨沸腾，终于在新莽天凤年间爆发了绿林、赤眉起义，一时四方响应，天下大乱。公元23年绿林军攻入长安，王莽在混乱中被杀，一个混乱的朝代结束了，却不料开启的朝代更加混乱……

此时相距董贤哀帝之死仅仅二十四年。那张精美绝伦的脸，似乎仍未远去。

裴 楷

适者未必能生存

中学的《生物》课本上曾向我们展示过这样一幅场景：一只鹦鹉飞出笼子逃走了，就在人们庆幸它能够重新获得自由的时候，十多天后却在森林里发现了它的尸体。原来家养已久、日日有人喂养的鹦鹉竟已失去野外生存的本领，飞出笼子之后因为不会觅食，居然饿死在果实累累的森林。从这个故事中深受启发的达尔文开始了他的科学研究，不久便提出了著名的“优胜劣汰、适者生存”法则，为日后进化论的提出打下了基础。

但凡事总有例外。

若是“进化论之父”达尔文早生一千五百年，有幸亲眼见证裴楷的故事，说不定大惑之下便会推翻自己多年的研究成果，得出“适者也难生存”的结论。出生于237年的裴楷生活在魏晋之交这样一个文化大冲突、政治大变革的时代，但他竟能在文化冲突中模棱两可、儒道兼修，在政治斗争里暧昧中立、多方联姻，最终如鱼得水。但就是这样一个在乱世中左右逢源的“适者”，却险些没能在优胜劣汰的选择中生存下来，反倒屡遇凶险，甚至为避杀身之祸，带领一家人在一个晚上连换八个住处。

裴楷，字叔则，河东闻喜（今山西闻喜县）人，西晋初年任中书郎，晋惠帝时期官至尚书、中书令，以相貌英俊、气质卓越闻名当世。因为太帅的缘故而被时人称为“玉人”——这是对一个男人外貌的最高评价。

举目四顾，帅哥辈出

魏晋是中国历史上极为特殊的一段时期。这不仅是因为它与日后的南北朝一起以政权更迭频繁而知名，更因为其所独有的“真名士自风流”的魏晋风度与盛产帅哥而著称于世。

不必说“龙章凤姿，天质自然”的嵇康，让站在身边的舅舅都觉得“珠玉在侧，觉我形秽”的卫玠；也不必说已经成为“帅哥”代名词，出门便被粉丝们扔满一车水果的潘安，还有与潘安同样貌美且出双入对，时人谓之“连璧”的夏侯湛。单是以亲身经历推翻适者生存法则的“玉人”裴楷，就足以令这个时代显得帅气逼人，英武非常。

曾有人以四个字概括中国各个朝代的历史，结果是——商：酒池肉林，周：贵族世袭，秦：言论管制，汉：好大喜功，晋：炫富糜烂，南北朝：文化断层，隋：大兴土木，唐：万国马屁，宋：外交疲软，元：苛捐杂税，明：党派山头，清：高度专制，民国：内忧外困。在我看来概括魏晋的四字却实在应该改成“帅哥辈出”。

这种高密度盛产帅哥的现象大约与孕育了真正名士风范的“魏晋风度”大环境不无关系。“魏晋风度”一词出自鲁迅那场《魏晋风度及文章与药及酒之关系》的著名演讲，以风流名士们崇尚自然、超然物外、率真任诞而风流自赏为主要特征。在这种社会风气下，名士们不但追求行为的与众不同，同样追求容貌的超凡脱俗。

不过魏晋人心目中的帅哥形象趋于女性化，其中原因甚至可以追溯至《庄子》。其时玄学如日中天，士子几乎人人精读《老子》、《庄子》，而《庄子·逍遥游》中藐姑射山神人的形象便深入人心，其词曰：“藐姑射之山，有神人居焉，肌肤若冰雪，绰约若处子，不食五谷，吸风饮露，乘云气，御飞龙，而游乎四海之外。” 这个肌肤若雪，冰清玉洁，绰约有致，风采飘然的神仙姐姐便是魏晋男子追慕的原型，所以肤色白皙、冰清玉洁等女性审美标准便同样成为男性“帅”的标志，卫玠这样弱不禁风却白如璧人的形象广受好评便在情理之中，魏晋也因此成为帅哥频出的朝代。

天生丽质的裴楷便生于此时。《晋书·裴楷传》说他“风神高迈，容仪俊爽”，《世说新语》更是直言其美，称看到他的人都惊叹“遇到裴楷就好像走入一座玉山，四周都光彩照人”，甚至脱去冠冕，粗服乱头的裴楷亦气宇不凡，因此称之“玉人”。

不难想象，《国产凌凌漆》里的周星驰如果兼具裴楷的帅与凌凌漆的风流倜傥，晋武帝时期的某个街头便会有一妙龄女郎冲马路对面的男主角喊出这样的话——你以为躲在垃圾堆旁边我就找不到你了吗？没有用的，像你这样拉风的男人，不管在什么地方，都像一整座闪闪发光的玉山一样，那样的鲜明，那样的出众，那样的光彩照人。你那粗糙的眼神、满脸的络腮胡、滔滔不绝的口才，都深深地迷住了我……可是行有行规，你以为长得帅就可以不付过夜费了吗？不行的，拿钱来。

玉山一般的男主角目瞪口呆，眼中露出的是不知所措的迷茫。

八面玲珑的“玉人”

不过这样拒付过夜费而且被骂得不知所措的事大概不会发生在裴楷身上，因为裴楷不但长得帅，而且品行高洁，绝对不会赖账不还——更重要的是他思维敏捷，口才极佳，断不会被人骂得张口结舌。能反映其口才的最典型例子便是西晋建立之初，武帝司马炎曾在朝中占卜，以卦象确认王者世系之数，孰料所得卦象竟然是个“一”。武帝拂然不悦，以为只有一世，诸位大臣亦是相顾失色，口不能言。

裴楷急中生智，从容对武帝道：臣闻天得一以清，地得一以宁，侯王得一以为天下贞。他的解释出自《老子》及其注文，“一”是“数之始，物之极”，是万物的本原和归宿，《道德经》中亦称“道生一，一生二，二生三，三生万物”。虽然卦象中的“一”不同于玄学中的“一”，但晋武帝惊诧中也没注意到被裴楷偷换了概念，与群臣一起叹服于其机敏和博学。不久武帝改订律令，更令裴楷在朝中朗诵并加解释，满朝文武再次为裴楷的口才而叹服，都从昏昏欲睡中清醒过来，宛如听到刘兰芳的评书——史称“左右瞩目，听者忘倦”。

如果说荣誉的最高境界是你离开了江湖，而江湖还有你的传说；喝酒的最高的境界是你还知道对方是谁，对方已不知道你是谁；那么讲话的最高境界，就是你不想说了，别人还想听。裴楷的“听者忘倦”，估计也只有当今的“中国合伙人”能与之匹敌了。

西晋王朝建立伊始便充斥着各种复杂的矛盾，不但外戚与司马诸王之间的混战终年无休，且文化冲突严重，儒学、玄学互相对立。身处于这样的时代，非但兼济天下、造福黎民几无可能，就算保全自身性命也是大有难度，只要稍有不慎，何晏、夏侯玄等灭门的惨案就会落到自己头上。因此裴楷小心谨慎，以暧昧的态度对待玄儒的哲学观，两派学者都不得罪；政治上同样暧昧，从不主动站队投靠哪个政治集团，以图在暗流汹涌的政治斗争中立于不败之地。

这种儒玄双修、兼而有之的风格最突出地表现在吊唁阮府的故事里。

狂放不羁蔑视礼法的阮籍在自己母亲病故后，公然违抗礼法在灵堂上饮酒、吃肉，甚至披头散发、叉开两腿盘踞床上。阮籍在灵堂上的肆意妄为引起了极大的争议，有人上书司马昭以“不孝”的罪名惩处他，也有人携酒带琴前来探望。

但裴楷的行为与这两类人颇为不同，他来到阮府，看到刚刚喝醉的阮籍仍然散发叉腿地坐在床上，但裴楷仍然依礼法作揖，上香，磕头，吊唁完毕转身就走。有人向他表示不解：阮籍如此不遵礼法，你为何还用符合礼法的规范来对待他？裴楷的回答极为圆滑：阮籍是世外之人，所以可以不尊崇礼制；但我是世俗之辈，只能遵从礼法。

除了用这样的方式明哲保身，裴楷还利用姻亲关系巧妙地多边下注，他将女儿分别嫁给了司马懿之子汝南王司马亮和征东大将军卫瓘之子，儿子则娶了晋武帝杨皇后之父、车骑将军杨骏的女儿。

与朝中大臣有了这样盘根错节的关系，“玉人”裴楷可谓生活得八面玲珑。除此之外他还低调待人，在民众中拥有良好的口碑。《晋书》记载他生性宽厚，视钱财为身外之物，从不吝惜，常将车马器服转赠给生活困顿的人，还劝封国富庶的梁、赵二王每年出钱资助贫乏的亲族。有人不理解，裴楷解释道：“损多余，补不足，天之道也。”一次裴楷从兄王衍参观他新买的一座别院，王衍赞不绝口，裴楷索性将整所宅子都送给了他。

物竞天择，“适者生存”乎？

只是可惜裴楷费尽心血打造的联姻体系虽然让他在一段时间里活得如鱼得水，却在日后成为自己灾难的起点。在随后的八王之乱中，裴楷和他的姻亲们像一副被推倒的多米诺骨牌纷纷倒地，被推翻的第一张骨牌便是裴楷之子裴瓒的老丈人杨骏。

公元290年，晋武帝司马炎去世，弱智皇帝司马衷继位，是为晋惠帝。司马衷为人痴呆不任事，遂由杨骏以太傅、大都督之名总理朝政。可惜杨骏虽大权独揽，却志大才疏，不善经营，不但执政严酷还刚愎自用，不纳良言，遍树亲党，疏远宗室。杨骏执政才一年，晋惠帝皇后贾南风便发动政变，将杨骏一党数千人，尽数诛灭。司马炎昔日占卜晋朝运数得了个“一”，今日终于应验了。

杨骏执政时，裴楷虽然与其有姻亲关系，但关系不和，所以自荐当了太子少师，安心教书，不再插手朝廷是非。可贾后对杨骏的政策是“夷三族”，这下裴楷躺着也中枪，在杨骏被杀不久，裴楷便与家人一道被押入大牢，静候处决。

一般人碰到这种满门抄斩的场景估计早吓得六神无主了，少数头脑清醒的才会冷静下来想办法求援——裴楷正是这么干的。他向狱卒要来了纸笔，淡定地写了数封情理兼备的书信向他在朝中的好友求援。玉山一般的裴楷坐在监狱冰凉的地上，虽面对死亡，但仍从容不迫，陪同的还有他两鬓苍白却戴着刑枷的母亲和扣着沉重脚镣的七岁女儿。很多年后无数国人面对危险远逊于此的玛雅人宣称所谓的世界末日，竟把市面上的蜡烛都抢购一空，相形之下，颜面何存。

侍中傅祗、太保卫瓘、汝南王司马亮都收到了裴楷从狱中送来的声情并茂的求援信，三人均大受感动，次日上朝都极力为裴楷辩护。贾后刚刚完成政变，立足不稳，不能不对三位重臣的意见加以尊重，于是就顺水推舟，只将裴楷罢官了事。然而他终究付出了惨痛的代价——他的次子，与王戎齐名的裴瓒（杨骏女婿），竟被乱兵所杀。但无论如何，保住性命的裴楷还是长舒一口气，心想以后为儿子娶媳妇时可得注意一下，不能一不小心把命都搭上。

接下来发生的事情就有点让裴楷目不暇接了，他突然意识到不但娶儿媳有风险，就连嫁女儿也须谨慎——不久楚王司马玮奉贾后密旨，带兵杀死汝南王司马亮和太保卫瓘全家。刚好两家都娶了裴楷的女儿，只要不出意外，满门抄斩又是在劫难逃。

不过这次裴楷有了前车之鉴，面对险境倒更加从容镇静。他带领一家老小星夜入城躲在岳父王浑家，一夜间换了八个藏身之所，终于成功地躲过了司马玮几路人马的追杀。日后阿拉法特躲避以色列特工“摩萨德”追杀，也只不过一夜转换三个地方而已。熬过这个惊心动魄有如好莱坞电影般紧张刺激的夜晚之后，裴楷终于迎来了光明，楚王司马玮被贾后卸磨杀驴，身死族灭；而裴楷也由一名逃犯一跃成为中书令（副宰相），并与名臣张华、王戎共同负责朝廷的日常运作。

异兆，又见异兆！

惊涛骇浪过去，裴楷的日子已所剩不多。此时历经两次生死，又痛失爱子的裴楷深感宦海无边，福祸无常，于是决定抽身退出，连他的岳父都出面劝皇帝让他引退，可惜终未如愿。

不久裴楷家中厨子忽然发现一件奇事，米下锅后不是变成拳头的形状，就是化成血，有时还变成蔓青菜。《晋书·裴楷传》中这段“初，楷家炊黍在甑，或变如拳，或作血，或作芜菁子”的记载，在整个《二十四史》中都堪称奇事。家人大吃一惊，这难道是上天要带走玉人的前兆吗？

数日后裴楷果然病卒，终年五十五岁。但令他两次蒙难的司马氏诸王之间的征伐却并未止息——这只是一场漫长的乱世的序幕，很快演变成了历时长达十六年的

“八王之乱”。至光熙元年（306年），八王中的七王皆已败死，东海王司马越最终控制了朝政，毒死惠帝，立晋怀帝，八王之乱才终于结束。但立国未久的西晋却在这场内耗中大伤元气，很快分崩离析。

不知若是裴楷泉下有知，会不会得出“适者也未必能生存”的结论？

王衍

我只是大话多了一点

从某种意义上来说，西晋末年身居宰辅之重的王衍有理由对汉哀帝的男宠董贤和自己的侄子王羲之心存嫉妒。

因为同样作为成语创造者，三人都有典故问世，其中董贤因与哀帝一觉睡出一个同性恋的代名词“断袖之癖”而千古留名，王羲之则在太尉派人来王府选女婿时袒腹而卧创造了“东床快婿”而百世流芳，相比之下王衍创造成语不但过程艰辛，工作量极大——往往需要跟人没日没夜地清谈到口干舌燥，远不是睡一觉那么简单——成效却颇不见佳，最终只创造出了一个“信口雌黄”。

雌黄是古人用来修改文章的“涂改液”，而王衍每与人清谈，出现错误被人指出时便立即改口，《晋书·王衍传》载“王衍妙善玄言，唯谈老庄为事。每捉玉柄麈尾，与手同色。义理有所不安，随即改更，世号‘口中雌黄’”。而晋人孙盛所著《晋阳秋》则描写更加详尽：“王衍，字夷甫，能言，于意有不安者，辄更易之，时号口中雌黄。”

若是王衍认真了解董贤、王羲之事迹——虽然比他小了五十岁的王羲之此时距离出生还有时日——也许会认真地感叹一声，在创造成语这个领域——

真的是选择比努力更重要啊。

少年衍的奇幻营销

王衍出生于著名的门阀世家琅琊王氏家族。

琅琊王氏是一个奇迹般的家族。它兴起于魏晋时期，始于因“卧冰求鲤”而孝名远播被《二十四孝图》收录的王祥，在东晋达到鼎盛，历晋、宋、齐、梁、陈、隋、唐七朝，经六百多年不但未见衰退，还一直保持了最显赫地位。东晋年间王氏势力最大的时候，朝中官员75%以上都是与其家族有关的人，时人称之“王与马，共天下”。南北朝时沈约曾说“吾少好百家之言，身为四代之史，自开辟以来，未有爵位蝉联、文才相继如王氏之盛也”。唐诗云“山阴道上桂花初，王谢风流满晋书”，刘禹锡流传甚广的《乌衣巷》中亦有“旧时王谢堂前燕，飞入寻常百姓家”两句，从此“王谢”一词成为豪门贵族的代表，其中的“王”，便指琅琊王氏。

王衍便出生在这样一个豪门望族之中，其堂兄是“竹林七贤”之一、投靠司马氏集团后高居司徒之位的王戎，因此王衍出生伊始，身上便笼罩着与众不同的光环。加上他如《晋书·王衍传》里记载的“神情明秀，风姿详雅”的长相，在魏晋这个重门第、重玄学、重风神仪表的年代，可谓具备了一切成功的要素，所以一出道便名满天下。

王衍在史书上的第一次亮相是他在总角之年造访山涛。作为竹林七贤中年纪最大、官也当得最大的一位，山涛在当时简直就是“名望”的代名词，若不知道什么是名望，只要看看山涛就知道了。他曾推荐好友嵇康来洛阳做官，但嵇康不但不领情，还写了一篇《与山巨源绝交书》的奇文以示决裂，但嵇康临死前却没有选择自己的亲兄弟托孤，而是将自己的儿女托付给山涛，还对儿子嵇绍说“巨源在，汝不孤矣”，便是明证。日后山涛果然尽心照料嵇绍，留下了“嵇绍不孤”的佳话。但山涛见了容貌俊美、风采出众的幼年王衍后也吃了一惊，不觉赞叹“何物老媪？生宁馨儿！” 意思是哪个不起眼的老太婆，竟生下如此标致的孩子。后来“宁馨儿”成为专门用于赞美孩子的词语。

就像葛优说完“神州行，我看行”后移动用户数量大涨一样，王衍在这次奇幻般的拜访中得到山涛如此赞誉后也是名望大幅升高，两年后他再独身前往洛阳拜访时任尚书左仆射、车骑将军的羊祜时，已颇有成功人士姿态。面对德高望重、曾被陆逊之子陆抗高度评价为德量可与乐毅、诸葛亮相比的羊祜，王衍不但表现得不卑不亢，而且言辞清晰明辨，令众人十分惊异。

如果说这两场代言还只是无意间为王衍打了一通广告，那么随后王戎在晋武帝面前的经典广告词可谓为王衍做足了市场营销。晋武帝司马炎偶然间听到王衍名声，好奇地向王戎咨询其情况，问当世谁人可以跟王衍相比。王戎见皇帝问到自己的堂弟，顿时来了精神，沉思有顷，假装为难道：当今之世已经找不到可以跟王衍相比的人了，咱们只能从古人中去寻找啦！（“未见其比，当从古人中求之！”）

无独有偶，当一千八百年后凤姐自信地宣称“向前三百年，向后三百年，总共六百年无人超过我”的时候，我们从中看到王戎式营销的影子，不同的是观众听凤姐说完无不哈哈一乐，晋武帝听王戎说完后却当了真。

信口雌黄我容易吗

在王戎的卖力宣传下，王衍的名声如同雪球一般越滚越远，远播四海，晋武帝的老丈人杨骏（司马炎武悼皇后杨芷之父）甚至打算将女儿下嫁于他。不过跟裴楷一样，王衍也鄙薄杨骏为人，耻于与其结交，于是装疯数月，才总算让杨骏打消了嫁女计划。

就像凤姐在名声见涨之后频频现身于各大电视台并侃侃而谈一样，得了名声的王衍也活跃于各大辩论场所，慷慨激昂地谈论纵横之术，一时粉丝甚众。需要说明的是，公元3世纪中叶社会上流行清谈玄学，士族名流相遇则对坐口谈，内容一般是老庄周易，众人皆以驳倒他人为能事，此即所谓“清谈”。

清谈之风始于魏晋正始年间。嗑药的祖师何晏喜好老庄学说，与夏侯玄、荀粲、山阳人王弼等人一道竞相讨论玄理，崇尚虚无学说，认为儒家《六经》是圣人的糟粕。因何宴依附曹爽等人，权高一时，天下士大夫争相效仿，惟恐落后于时尚潮流。到了司马氏代魏，上流社会更视清谈为高雅之事，在他们的普遍参与下，“清谈”成为时尚，《世说新语》多有记载。以帅知名的卫玠亦是清谈高手，他在与王澄坐谈时令后者绝倒三次，遂产生“卫玠谈道，平子绝倒”的著名典故；日后卫玠更因在与乐广的清谈中表现突出，乐广敬佩之下不禁冲动，硬是当场就决定将女儿嫁给他。

王衍坐谈时好论纵横之术，因颇有苏秦、张仪之风，人皆以为其有治国安邦之能，恰值边境多事，朝廷于泰始八年（272年）下诏官员推举能安定边疆的人才，便有人推荐王衍出任辽东太守。一看要动真格的，王衍的表现与清谈时就天差地别了，他赶忙找了一套理由拒绝赴任，且从此闭口不论世事，只做清谈，雅咏玄虚。

在一场接一场的清谈中，王衍长成了二十多岁的青年。

如今二十多岁的年轻人正像这个城市里的大多数男人一样，忙着挣票子，买房子，换车子，娶妻子，生儿子，如王小波所说的：生活正在不可避免地走向庸俗。但如果时光倒流到公元3世纪后期的琅琊，我们就会像当时的晋朝百姓一样，时常看到同样二十多岁、端庄清秀的王衍手持白玉柄的麈尾（用麈的尾毛做的拂尘，闲谈时执以驱虫、掸尘的工具），露出与玉柄一样白皙的手臂，面对熟悉或者陌生的清谈爱好者们侃侃而谈，就像百家讲坛上的于丹一样。而每当其前后矛盾之处被人指出时，王衍便会马上改口，时人因此称之“口中雌黄”。当然是否有人因为受不了王衍的信口开河而愤怒地走上前去将他轰走，我们就不得而知了，因为无论是《晋书》还是《世说新语》都没有记载——但一千七百多年后于丹在北大瞎谈昆曲被人轰到下台，却是确有其事。

影帝？影帝！

尽管不时出现“口中雌黄”的场景，却并没影响王衍在清谈领域的成功，他手持白玉柄麈尾、好似林间清风的形象很快被无数名士效仿，王衍面对迎面而来的美誉也不免自美，常常自比为春秋名士子贡。

子贡是孔子言语科的高材生，当年他出使齐、鲁、吴、越、晋，游说五国国君，使得孔子的鲁国免于战火，而其余四国一片乱战。王衍虽也精于辩论，但讨论的并非富国强兵之策，也不是纵横捭阖的外交谋略，而是缥缈虚幻的老庄哲学。在辞去辽东太守之职后他先后任太子舍人、尚书郎、元城县令，后来甚至官至中书令，“身居宰辅之重”，但任职期间虽处理官府事务，却还是终日清谈，不务正业。

好在这样的官员只是少数，与王衍形成强烈对比的，是与他一样容颜如玉、巧于辞令，却不同于其空言荒诞，而是直言敢谏，针砭时弊的裴楷。晋武帝曾向裴楷垂问当今政策的得失，他立刻回答：现在晋朝之所以还不能同尧舜时相比，就因为有像贾充这样的人在！须知贾充当年因指挥刺杀魏皇帝曹髦而被司马家族视为心腹，立晋之后，更是晋爵鲁郡公，官居尚书仆射（相当于宰相）。裴楷为国家计，甚至不惜得罪这样权倾朝野、位极人臣的人物。

裴楷因与杨骏、卫瓘等人结为姻亲而使自己在八王之乱后陷入被动，用亲身经历证明了虽适者也未必能生存的道理，改写了达尔文进化论的结论。不过裴楷虽屡处险境，逃生靠的却是自己的机智与镇定，相比之下王衍的逃生术就显得低贱多了，而且在贪生怕死方面也做足了表率。

王衍的遭遇同样源于联姻。

王衍曾将幼女嫁与愍怀太子司马遹为太子妃，不过元康九年（299年），贾后诬陷司马遹并废掉了其太子之位——另一位大帅哥潘安在这场废立中立下了汗马功劳，正是他为司马遹量身定做了一道催命符——接到消息的王衍非常害怕，为求自保，他立即上表请求司马遹与其女儿离婚。不过这并未让他成功度过危险期，一年后赵王伦废杀贾后，王衍因上表离婚一事遭到弹劾，并被惠帝下令禁锢终身。次年司马伦篡位称帝，王衍被提前释放。但王衍素来看不起司马伦为人，加上知道司马伦是个草包，迟早失败，担心司马伦找他的麻烦，想到当初为了拒绝杨骏嫁女而不惜装疯的经历，一声长叹之后做出一个艰难的决定，那就是……继续装疯。

装疯是个技术活，七百年前的孙膑用过，一千一百年后的朱棣也用过。朱棣“靖难”起兵前为迷惑建文君臣而突然发疯，不但在大街上大呼小叫，夺人酒食，胡言乱语，甚至六月天气围着火炉仍然喊冷，在宫中也要拄着拐杖行走。不过这对演技要求较高，而且王衍也不可能知道朱棣其人。思量之下王衍决定学习为了迷惑庞涓而装疯的孙膑，好处是只要道具选择得当，很容易演得逼真——孙膑选择的道具是猪屎，方式是把它吃下去。王衍下不了口，最终选择的道具是个婢女，方式是用剑将之砍死，配以若干大呼小叫，反正动口之事是王衍专长，干起来轻车熟路。司马伦派人来看，最终得出结论：这次王衍真的疯了。

我很好，只是大话多了一点

不过多年以来，无论王衍如何风流倜傥高谈阔论，如何仕途顺利官居高位，当年山涛对自己的评语一直萦绕在他心头。山涛见到幼年王衍后，赞叹完“何物老妪？生宁馨儿！”后又加了半句“然误天下苍生者，未必非此人也”。

现在王衍开始用实际行动证明山涛所言不虚了。

延续了十六年之久的八王之乱终于因为八王死了七个，仅剩的一王没了对手而在光熙元年（306年）落下帷幕，东海王司马越成了最后的赢家，掌握了朝廷大权。长达十六年的战乱使中原地区尸横遍野，周边少数民族也趁纷纷立国，趁中原空虚，长驱直入。作为暂时的胜利者，司马越赢得了满目疮痍的河山，但他有一个致命的缺陷：自己虽是司马氏皇族，却属远支，号召力十分有限。他不得不考虑联络关东的士族名士，利用他们的社会地位和实际力量来巩固自己的统治。

司马越很清楚自己的处境，他必须在星散的名士中找到一个影响力大、号召力强的人物作为自己的宰辅，这样才能说服其他名士前来归顺。他首先想到的便是当时享誉全国的名士王衍，于是很快将之升任尚书令、司空，次年改任司徒。如果此时王衍作文谈论自己的感想，恐怕脑海中首先浮现的标题便是《巅峰时刻》。

可司马越却在正确的时候，选了错误的人。

王衍虽官至司徒，位居宰辅，但脑中日夜思考的并非治国安民，而仍然是如何自保。他看出中原时局已经病入膏肓，断无前途，于是向司马越建议：中原已经大乱，我们应当依靠方镇，要选用文武双全者任职地方首长。（《晋书》：“中国已乱，当赖方伯，宜得文武兼资以任之。”）得到许可后立即分别任命两个弟弟王澄、王敦为荆州、青州刺史，更向二人夸口：荆州有长江和汉水天险，青州又东临大海，你们二位出镇地方，我留在朝廷，内外结合，可以称得上狡兔三窟了！（“荆州有汉江之固，青州有负海之险，卿二人在外，而吾留此，足以为三窟矣。”）王衍此语在当时广为流传，其自私自利的本质开始遭到有识之士的鄙视，日后更被写入《晋书》，虽历千载，骂名依旧。

如果王衍晚生一千六百年，就会有幸在大学的课堂上学到《马克思主义哲学》，进而了解“事实不以人的意志为转移”的真理。不过不学也没关系，王衍很快就从实践中发现了这一点——晋朝的外部局势也不以他的意志为转移了：但见匈奴刘渊横行河东，羯族石勒骚扰中原，汉人王弥四处流寇，中外交通即将隔绝。和异族武装相持了几年，晋室虽偶有胜绩，但声势却更加衰弱，东海王司马越面对窘境，惊惧交加，在率兵出击石勒途中愤懑而死。

晋怀帝永嘉五年（公元311年），一支凄凉绝望的队伍向东方艰难地前进，他们是要护送司马越的棺柩归葬东海。王衍被推为主帅，却无挥斥方遒的意气风发，脸上笼罩着惨淡的愁云。

司马越去世后，众人推举以太尉身份担任太傅军司的王衍为大元帅，王衍早年为了避祸而拒绝出任辽东太守的毛病又犯了，要把元帅之职推让给襄阳王司马范，情急之下说了心里话：我年少时就没有做官的愿望，然而积年累月，升迁到现在的地位。如今情势危急，怎能让我这样一个没有才能的人来担任统帅呢？

不过这次王衍的好口才并未生效，司马范亦坚决辞让，王衍无奈之下只好就任，与司马范等共同率领军队护送司马越灵柩回东海国安葬。石勒知道司马越死讯后领兵追击，很快击溃晋军，并将王衍等人生擒，令俘虏环坐帐前，询问晋朝何以失天下。

成语创造爱好者王衍面对石勒问话，又想重拾自己败军之际暂时淡忘的清谈雅兴，说不定顺便还可以创造一个“谈笑风生”的成语。日后再与人清谈，也可夸下海口：哪个高手我没见过，羯族的石勒，水平不知道比你们高到哪里去了，我也跟他谈笑风生。于是与石勒侃侃而谈，详述晋朝衰败之根由，先夸石勒文成武德，应该一统江湖，自行称帝，完全失去节操。再称自己并非决策者，将责任推诿了个一干二净。

石勒虽素来欣赏王衍风采，不过此时面对其卑鄙嘴脸，仍旧忍不住拍案而起：你名盖四海，身居重任，少壮登朝，至于白首，怎能说不谙世事？破坏天下，正是君罪！王衍清谈一世，几无敌手，然面对此话竟不知如何应对。

是夜月明星稀，王衍在小院内仰望星空，想到自己五十六岁短暂生命里的种种不堪，不由思绪反复，羞愧交加。突然星空变暗，似乎有物遮挡。他环顾四周，发现由大石垒起来的墙壁正朝头顶砸来。王衍感到一阵从未有过的压抑令自己无处躲藏，还没来得及叫出声来，便被压死在石勒派人推倒的颓墙之下。临死前他的眼前似乎闪现出无数个在清谈中败给自己的对手的面孔，清晰到触手可及。

邓通

原来你只是一只火鸡

一只火鸡和一只狗闲聊，火鸡说：我希望能飞到树顶，可我没有勇气。狗说：为什么不吃一点我的屎呢，它很有营养。火鸡吃了一点，发现它确实给了自己足够的力量飞到第一根树枝。第二天，火鸡又吃了更多的狗屎，飞到第二根树枝，两个星期后，火鸡骄傲地飞到了树顶。就在它鸟瞰大地意气风发打算欢叫几声抒发感情的时候，一个猎人瞄准了它，一枪把它从树上射了下来。这个故事告诉我们：狗屎运让你达到顶峰，但不会让你留在那里。

若是汉朝有人编纂专门收集这类故事的“心灵鸡汤”，说不定在四川承包了无数矿山的富豪邓通在数钱之余就会买上几本，读完之后深受启发，自己的结局也会美满一点。

邓通，西汉蜀郡人，约生于公元前200年。这位原本只会摇桨划船和拍马屁的屌丝，竟靠着美色和运气而成为汉朝最富有的平民，像故事中的火鸡一样，吃完狗屎之后竟飞到了树顶——不过这位变成高富帅的屌丝，最后还是跟火鸡一样被猎人一枪射了下来。

西汉年间的“神舟号”

邓通的早年生涯乏善可陈，他因为摇桨划船的专业技能突出而在皇宫里当了一名黄头郎，在未央宫沧池内划船。因秦汉注重五行，土能克水，其色黄，所以摇船的郎官都头缠黄布，称“黄头郎”。不过黄头郎邓通虽相貌俊美，却别无所长，尽管日日做着能飞到树顶的美梦，但那只跟自己打招呼的狗却一直不曾出现。

邓通的发达始于汉文帝刘恒一个奇异的梦。鲁迅在《呐喊·自序》的开篇写道：我在年轻时候曾经做过许多梦，后来大半忘却了——其实这话刘恒也说过，他在当了皇帝之后曾经做过许多梦，后来大半忘却了，下面这个梦却是如此清晰以致醒来还觉得仿佛亲历。他梦见自己正在升天，却差一把后劲，怎么努力也升不上去。此时有人在他身后推了一把，刘恒顿时克服地球引力成功飞升。刘恒下意识地回过头去，想看看究竟是谁给了自己比好几吨液态氢还大得多的推力，看到的却是一个黄头郎，体貌特征是腰部下面衣服上破了个洞。

中国历史上最早关于航天技术的记载就此产生。考虑到当时刘恒正处于无论如何努力都无法飞升的阶段，速度必然已接近为零。在黄头郎奋力一推之后便成功升天，成为像神舟九号一样绕地球飞行的卫星，那么可以设想已加速到超过第一宇宙速度。对比神舟九号携带了450吨燃料偏二甲肼才成功进入轨道，而这名黄头郎仅以一推之力便让文帝加速到7.9千米每秒，可以想见文帝此时的震惊。

梦醒后的刘恒惊诧不已，在床上感叹一阵之后突生奇想：说不定现实中真有这样的人，何不到黄头郎官丛中去找找看？这说明文帝没学过高中物理。若他对地球引力稍有了解，就会在床上感叹一阵之后突生奇想：说不定人类真的有办法飞出地球，何不找几个科学家来研究研究？若是如此，中国的航天技术在汉朝初期便可起步，经过两千年的发展，至今不但可以把人送到近地轨道，简直可以把杨利伟送到河外星系。

一念之差，产生如此迥异的后果，这是汉文帝无论如何预料不到的。他接下来的决定没能改变整个中国的航天史，却改变了一个人的命运。

此人便是邓通。

如果刘恒看过《周公解梦》，便知道做梦飞天是要出远门的预兆。但此时刘恒倒是没出远门，只是走出卧室，来到未央宫沧池中的渐台上观看那些黄头郎官们，看看能否找到在梦中把自己变成神舟九号的人。

接下来的故事便顺理成章了。邓通这天刚好穿着一套腰部下面破了个洞的衣服，文帝见之大喜，马上让人将其招至面前。邓通以为自己穿破衣服上班的勤俭节约精神要被表扬了，正要宣扬自己“新三年旧三年，缝缝补补又三年”的穿衣理论，却见刘恒得知自己姓“邓”后更是变得乐不可支，古人讲究口彩，“邓”者，“登”也，再结合梦境，此人便是送自己登天的人了——刘恒恨不能马上给自己改名阿姆斯特朗，立刻宣布把邓通纳为男宠，从此加官进赏，不在话下。

悲催的吸脓男宠

从某种程度上来说，邓通与比他小了两百岁的董贤有很多共同之处，这些共同之处包括俩人都具有超人的美貌、惊人的运气，还包括他们的事迹都被写在《汉书·佞幸传》中——当然，更大的共同点则是他们都遇到了喜欢男宠的汉朝皇帝。

西汉皇帝们有纳男宠的传统，自高祖刘邦始，除了被废的三个少帝，一共十二任皇帝中纳过有名有姓的男宠的便有九位。作为西汉第三任皇帝的男宠，从身份上讲，邓通在男宠这个行业算得上鼻祖，不过干的事情却没什么技术含量，主要是陪着文帝睡觉聊天，并且爱岗敬业到了周末也不休息。史载邓通“虽赐洗沐，不欲出”，而文帝也是青春勃发，“甚说（悦），尊幸之，日日异”。像无数陷在爱情里的痴情男女一样，宠幸完毕的刘恒为博邓通欢心，先后赏赐他十多亿的钱财，官拜上大夫。

文帝对邓通如此宠爱，邓通也用自己爱的行动回报文帝。

一次文帝生了一个毒疮，里面时常装满脓液，邓通心中焦急，却也无计可施——当然他再聪明也发明不了青霉素，否则扎一针就好了——急中生智间趴在刘恒患处，二话不说将脓汁全部吸掉，这令文帝大为感动。某次邓通再次吸完脓汁，文帝不胜感慨地说：普天之下，谁最爱我？邓通老老实实回答：应该是没人会超过太子吧。刘恒点了点头，适逢太子刘启进来问疾，便指着自己的毒疮：过来，吸一口。

太子自然不敢违抗，但吸脓时无以复加的痛苦却让他对邓通惊世骇俗的谄媚行为产生了深深的不满和厌恶，也为日后的报复行为埋下了种子——但此时的邓通并没有如此深远的见识，他正因自己的行为令文帝无限感动而倍觉荣幸，也在随后接受越来越多的赏赐时愈加心安理得。

命运的操盘手

如果说邓通是因为狗屎运而从一名黄头郎变成文帝身边的红人，那么随后更是因为更大的狗屎运而走上了通往财富之巅的道路，几乎成为西汉时期四川造币厂的厂长——日后《水浒传》中王婆向西门庆传授泡妞绝技，更是将富比邓通当成男人吸引女人的五大必要条件之一。

这次的好运不再来自刘恒的梦，而是源于一次神奇的相面。刘恒很好奇这个黄头郎还能为自己带来多大的好运，于是某一天找来一位面相师给邓通看相，但面相师告知的结果却使他吓了一跳：日后邓通将贫饿而死。

需要说明的是，秦汉之际相面之风盛行，而且相面结论也往往准确得惊人，为现代科学所无法解释。《史记·高祖本纪》载，刘邦还是沛县亭长之时，吕雉带着刘盈和鲁元公主在田间干活，一位老父从旁路过索取饭食，吃完后为吕后相面，惊叹道“夫人天下贵人”。又相一双子女，答案仍是贵不可言。刘邦吃喝玩乐归来，闻此消息颇感激动，追上去让老父给自己相了一面，老父惊讶不已：贵人，贵人，你们全家都是贵人！日后刘邦果然从沛公崛起为汉王，再为高祖，应了贵人之说。

而《史记》中记载的另一次相面便与汉文帝刘恒有关了。刘恒生母薄姬原为魏王豹之妾，在刘邦暗度陈仓率兵攻打彭城的时候跟从魏豹降汉，不过此时薄姬遇到了当时著名的相面大师许负，许负对着薄姬一番斟酌之后大惊道：你的儿子将来是要做天子的呀！魏豹大喜，自己小妾的儿子要当天子，那自己命中注定便要做天子的爹了，岂能再跟着刘邦厮混。于是迅速回国，宣布叛汉，不久却被曹参生擒，旋即死于荥阳。但许负的预言却在二十多年后成真，因为薄姬被送到荥阳不久就被刘邦临幸，产下一子，是为刘恒——只是魏豹判断失误，自己小妾产下的儿子真的成了天子，只不过他爹不是自己。

作为相面的亲身经历和见证者，文帝没有理由对“日后邓通将贫饿而死”的惊人结论表示怀疑，不过文帝还是表现出了原始的唯心论“人定胜天”。为了打破邓通将被饿死的宿命，他决定不但授人以鱼，还授人以渔——再次赏赐无数金钱之后，文帝下令将蜀郡的一座铜山赐予邓通，并允许他私人铸钱，相当于给了邓通一座造币厂。但是很明显，面对命运的操盘手，仅有改写命运的雄心是不够的。

蜀郡造币厂的老板邓通得令后迅速开足马力造钱——彼时没有纸币发行，他又不用担心流入市场的货币太多会引发通货膨胀——很快成为当时最有钱的人。如果白雪公主的故事早发生一千多年，其继母就不会拿着魔镜日夜询问“镜子啊镜子，谁是这个世界上最漂亮的女人”，而改问谁是这个世界上最有钱的男人——那么镜子就不会让白雪公主去送死，而老老实实地回答：最有钱的男人，当然是邓通了。

“世界首富”绝非浪得虚名

“邓通钱”很快流向市场。邓通私铸的四铢半两钱（秦时半两钱为十二铢，汉朝半两钱陆续减轻重量，但仍称半两，吕后时减为八铢，文帝时减为四铢）基本上按照汉文帝的法定标准，但与官方发行的货币有所不同，称“邓通钱”。文帝所铸之钱材料为人工配比的铜锡合金，邓通钱则用原始铜；两者外形上也有不同，邓通在钱面的穿孔上下凸起一块铜以示区别。邓通钱在西汉全境享有与官方铸造钱币相同的地位，甚至沿着丝绸之路扩散到了中亚、西亚。邓通的富有也使日后“富比邓通”成了无数人毕生的追求，就像今天很多人梦想混得跟比尔盖·盖茨那样有钱一样。

邓通的有钱不仅得到了西汉人的肯定，甚至在一千五百年后仍得到明朝人的崇拜。《水浒传》第二十四回“王婆贪贿说风情、郓哥不忿闹茶肆”写西门庆看上潘金莲后，王婆为其牵线时语重心长地讲述了吸引女人的五大必要条件之“潘驴邓小闲”：

大官人，你听我说。但凡捱光的，两个字：“最难”。要五件事俱全，方才行得。第一件，潘安的貌；第二件，驴的大货；第三件，要似邓通有钱；第四件，小，就要绵里的针般忍耐；第五件，要闲工夫。此五件，唤做“潘、驴、邓、小、闲”。五件俱全，此事便获。

可见至少在明初，像潘安成为“帅哥”代言人一样，邓通也成了“富翁”的代言人——若是加上姚明，三人并排一站，不识字的人也知道他们摆出来的POSE叫做“高富帅”。

在蜀郡期间邓通还结识了临邛冶铁商人卓王孙，考虑到卓王孙以廉价食物吸引流民作为免费劳动力，开矿冶铁铸造农具积累了原始资本，家里光佣人就雇了八百名，邓通很有可能也采取了类似的方式，而且佣人极可能达到一千。只是可惜距离司马相如赴卓家与卓文君联袂演出“史上第一私奔事件”时日尚早，否则以吸脓、拍马闻名的帅哥邓通，还能为这千载难逢的偶像剧做个见证。

被射落的火鸡

在蜀郡担任造币厂厂长的邓通走到了人生的顶点，却也很快如同吃了狗屎才飞到树顶的火鸡一样，迎来了射向自己的子弹，顺便实现了昔日面相师讲出的“邓通将贫饿而死”的神奇预言。

邓通的厄运其实从他为刘启做示范给文帝吸脓时便埋下了伏笔。太子在学着他的样子趴在刘恒伤口上吸脓时痛苦得无以复加，只是当着父亲的面无从发作。汉文帝刘恒在当了二十四年皇帝后，于公元前157年死去，刘启登基，是为汉景帝，马上开始了自己的报复行动，先是罢免了邓通的官职，再以“盗出徼外铸钱”等八大罪名，将之下狱验问。

邓通在经历了从西汉首富到阶下囚的转变后突然如醍醐灌顶，如果此时他与赵本山略作交流，就会修改那句流传甚广的台词：世界上最痛苦的事不是人死了、钱还在，而是人还在、靠山没了。

失去刘恒这个靠山之后的邓通很是倒霉，被关进监狱后景帝还觉不解气，又下达了巨额罚单。邓通的全部家产被没收一空仍不够抵债，还欠下国家数亿的债务——简言之，这位昔日首富已经破产了。不过邓通不必难过，两千多年后俄罗斯首富、石油大亨霍多尔科夫斯基，年仅四十岁便拥有总额高达80亿美元的资产，排名《福布斯》前列——同样跟邓通一样，因为一些不起眼的罪名被普京抓入大牢，早已濒临破产。两位若是有缘相遇，倒是会很有共同语言。与如今还在继续遭受审判的霍多尔科夫斯基不同的是，入狱不久的邓通得到了文帝女儿馆陶长公主刘嫖的同情，给他偷偷送来了不少钱物——但这些馈赠也只够邓通苟延残喘一阵，这个曾经富甲天下的帅哥终于变得不名一钱，冻饿而死。时至今日，四川地方志上还记述有邓通铸钱的山名和雅安附近的“邓通城”，还有一处名叫“饿死坑”，便是传说中当年邓通饿死的地方。若是邓通在饿死之前写一下回忆录，一定不辞劳苦地记录面相师预言自己将贫饿而死的场景，再为回忆录预设一个内涵极为深刻的主题：

封建迷信害死人啊。

兰陵王

我用面具，遮挡绝世容颜

2012年底，央视电影频道出人意料地播出了《V字仇杀队》，令观众颇感意外。影片讲述了在未来英国的极权统治下，一位名叫“V”的戴着面具的怪人试图唤醒人们的反抗意识，在以恐怖袭击的方式摧毁伦敦的两个标志性建筑并控制了被政府摆布的电视广播后成功引发一场革命的故事。影片中V身披黑袍、头戴黑帽的战客形象令敌人闻风丧胆，而他一直戴在脸上从未取下来过的面具，更是为电影平添了一份神秘色彩。

没有证据表明导演詹姆斯·麦克特格曾经读过《北史·齐宗室诸王传》，但这一让主角戴上面具冲向战场杀敌的创意，却与一千五百年前的兰陵王高长恭如出一辙。当河清三年（564年）北齐重镇洛阳被北周十万大军围困，兰陵王率领五百骑兵冲入北周军中，令百倍于己的敌军感到有如神兵从天而降时，身后洛阳城内的齐军抬头看到这位佩戴着威武面具的将军手起刀落的飒爽英姿，无边无际的震撼如怒涛般在心中翻卷而过。

兰陵王高肃，原名孝瓘，字长恭，北齐高祖高欢之孙，文襄帝高澄第四子，史书称其“貌柔心壮、音容兼美”，这是一个俊美异常却又勇冠三军的大将，一个美到需要隐藏的男人。

低调的王子

贵为帝王家的皇子王孙，高长恭原本可以当一名锦衣玉食的官二代，或者动辄以“想我爷爷当年”开头，向大家讲述其先祖高欢的英雄事迹。但高长恭却是个低调的人，不但弃用改装保时捷，出门选择搭乘牛车，而且从小就夹着尾巴做人，在北齐皇家的深宫大院里处处如履薄冰。

高长恭因为封地在徐州附近的兰陵之故而被人称兰陵王。兰陵王从小低调性格的养成，大约与其尴尬的身份地位有关。在文襄皇帝高澄的六个儿子中，高长恭排行第四，《北史·齐宗室诸王传》详细记载了他的五个兄弟的生母，唯独漏掉了兰陵王。其中高澄第五子安德王高延宗的母亲不过是“广阳王妓也”，可正史也明确记载其姓氏为陈，由此推算，兰陵王母亲的身份地位，恐怕连妓女也不如，后人猜测她可能只是宫中一个地位卑下的宫女罢了。在讲究血统和门阀的南北朝时期，兰陵王的“莫名”身份给他带来的尴尬和压力可想而知，这也导致他从少年时代起便养成了低调行事的习惯——每日忍受他人鄙视的目光，低声下气地生活，很可能是兰陵王高长恭对于童年所有的记忆。

对于其卑微出身对性格的影响，几乎所有与兰陵王有关的故事都会提及，但除此之外，就个人才情和社会关系而言，与其他几位兄长相比，兰陵王也有必须低调的理由。

其兄长都是在史书上留下确切记录的文武双全之辈，尤其是长兄河南王高孝瑜，不但“容貌魁伟，精彩雄毅”，而且“兼爱文学，读书敏速，十行俱下，覆棋不失一道”，而且与九叔武成皇帝高湛同岁，深受其喜爱，甚至高湛即位后到晋阳巡幸，还不忘远在北齐都城邺（今河北临漳）的同岁族侄，给他写信说自己在晋阳饮到山西名酒汾清两杯，劝你也在邺城小酌两杯（“吾饮汾清二杯，劝汝于邺酌两杯”）。两人关系如此亲密，连史官都不禁要赞叹“亲爱如此”。一直生活在如此优秀的兄长们的阴影中，上不得，下不来，不难想见兰陵王身上“姥姥不疼，舅舅不爱”的心理孤苦和地位尴尬。

柔美的帅哥

但是上帝为兰陵王关上了一扇门，同时却也为他开了一扇窗。

虽然出身尴尬，兰陵王却很快以出众的容貌征服了无数粉丝。他的帅是如此的超凡脱俗，以致所有史书在提及他的故事时，都忍不住用大量篇幅描写其长相，即使在帅哥辈出的两晋南北朝，这种情况也是绝无仅有。《北齐书》、《北史》说他“貌柔心壮，音容兼美”；《兰陵忠武王碑》中写其“风调开爽，器彩韶澈”；《旧唐书·音乐志》中形容其“才武而面美”；《隋唐嘉话》中更直言兰陵王“白类美妇人”。

虽然翻遍史书，也没有关于兰陵王在大街上遭遇粉丝围堵而像潘安那样收获一车水果，或是像卫玠那样收获一场疾病的记载，但是不难设想，当身穿立领男装、英气非凡的兰陵王高长恭出现在邺都的街头时，关于北齐女粉丝们高举“为人不识兰陵王，活到八十也白忙”、“做女不见高长恭，香车宝马都是空”的报道必定铺满了次日的头版头条。甚至有粉丝在接受采访时声称“我宁愿在兰陵王的牛车里哭，也不愿坐在宝马车里笑”，一时间广为传播，引发了关于“男人的外貌和财富，究竟哪个才是第一生产力”的大讨论。

同作为高澄的儿子，虽然长子高孝瑜也很帅，但并没有在史书和现实中留下如此夸张的记载。后人猜测，兰陵王的美也许遗传于他出身卑微的母亲。而或许正是他生母异常动人的容貌，才吸引了地位相差悬殊、贵为帝胄的高澄的垂幸吧。

然而对常人来说求之不得的英俊外表，却为兰陵王带来了极大的苦恼。

原因很简单，南北朝时期是中国历史上堪比三国、五代的著名乱世，大约只有“连年战乱”、“政权更迭”等词有资格成为这个乱世的标签。新生朝代的皇帝如同牌桌上的庄家，每隔十数年便要换上一家，作为皇家子弟，时刻都要接受战争的考验，靠脸吃饭无疑是要被饿死的。毫无疑问，兰陵王不能像相对和平的春秋时期“美而艳”的帅哥公子鲍一样，靠美貌吸引自己的祖母而荣登王位；也不能像屈身以男宠身份上位的邓通、董贤一样，靠吸脓陪睡而享尽荣华。战乱年代，要的是战功。可男人一帅，就容易给人花架子的感觉。

不幸的是，敌人也是这么想的。

于是这样一幕很可能曾经在历史上真实发生：

北齐、北周战于洛阳，双方各率大军数万列好阵势，但闻战鼓齐鸣，呐喊声山呼海啸。此时北周军中一员大将走出阵前，扔下手中武器，脱掉上衣，露出施瓦辛格一样的胸肌，再将双臂一举一弯，露出球一样的肱二头肌，远远看去就像长了三个脑袋。秀完肌肉，此人高呼：谁来战我？北齐军中先后冲出数名大将，皆不出数合即被挑落马下。正在北齐主将颇费踌躇之时，斜刺里突然杀出一员大将——体着青锦百花袍，身披兽面吞头连环铠，腰系勒甲玲珑狮蛮带，背挂青莲宝色盘龙鞭，手持方天画杆描金戟，胯下一匹挟翼墨麒麟，威风凛凛，俾倪万军——刘兰芳的评书里面时常见到这等打扮——肱二头肌兀自惊诧，正要退却，抬头却见马上坐着一名眉清目秀的英俊小生，顿时心生轻蔑：你们北齐没人能打了吗，怎么派了一个女人过来？言毕哈哈大笑，笑着笑着就笑岔了气，倒在地上不省人事。北齐军一拥而上，大胜而归。

戴面具的将军

能让敌人轻蔑到笑岔了气，这对一个男人来说毫无疑问是不可接受的奇耻大辱。兰陵王虽然凯旋，内心却充斥着深深的痛苦：有什么办法能让敌人在战场上看到自己不笑呢？

兰陵王首先想到的是在脸上刻字，刻下类似“尽忠报国”之类的宣言，人总是具有好奇心的，纵然战场相见，看到对方脸上的字也要好奇辨认一下。比较好的结果是敌人看到这般正气凛然的词句便被打动，更好的结果是趁对方字还未认清的时候就将之一枪挑落马下——这么做的理论依据是马路上经常见到有人车身上贴着类似“大龄剩女，追尾必嫁”之类的标语，引得后面的驾驶员好奇心大起，为了一看究竟，便真的开车撞了上去。

但这种做法也是有风险的，南北朝时大家又不认识简化字，繁体的“尽忠报国”一共42画，刻起来不但费时费力，万一毁容可就没法复原了。思前想后，兰陵王决定学习《V字仇杀队》的主角“V”，给自己定做一副面目狰狞的面具，每逢出征则戴在脸上，威风凛凛。戴面具之后果然收效良好，从此之后再没有任何一个敌将是在兰陵王面前笑死的——当然，他们只是换了个死法。

在看似柔弱面貌的背后，兰陵王拥有一颗奔腾的心。与生活中低调的性情相反，战场上的兰陵王完全是另一幅骁勇的表现。史书上记载了他头戴面具出征的情形，唐崔令钦《教坊记》载：“……兰陵王长恭，性胆勇，而貌妇人，自嫌不足以威敌，乃刻为假面，临阵着之。”《乐府杂录》更极言其戴了面具后的能征善战：“有代面，始自北齐。神武弟，有胆勇，善战斗，以其颜貌无威，每入阵即着面具，后乃百战百胜。”

当然，诚如鲁迅所说，恐吓绝不是战斗。戴着狰狞的面具，能把敌人吓一跳，但不能把人吓死——战功的建立，仍然来自于兰陵王自身超越常人的战斗本领。虽然戴着面具的兰陵王没有像戴着面具的“V”一样说出“艺术家用谎言道出真相，政客用谎言掩盖真相”这样概括精准的名言，但他在经典的洛阳之战中率领五百骑兵冲入敌阵时，仍然制造出了像《V字仇杀队》中片尾五百个V一起登场那般的浩大场面。

北齐武成帝河清三年（564年）冬，北周联合突厥举重兵攻齐，将北齐重镇洛阳团团围住。武成皇帝高湛迅速调军解围，但援军发动的一次次进攻却都被击溃，即将陷入全军覆没的绝境。兰陵王临危受命，亲率五百精锐铁骑，日夜兼驰赶赴洛阳解围。兰陵王头戴面具，体着青锦百花袍，身披兽面吞头连环铠，手持方天画杆描金戟，胯下一匹挟翼墨麒麟，威风凛凛杀入周军重围，势如破竹，一直杀到洛阳城下。

当时北齐军服尚红，北周军服尚黑。不难想见，五百红袍金甲的铁骑如一股红色的怒潮，在“四合如黑云”的北周军重阵里席卷而过，那阵势是怎样的震撼，场面是何等的壮观！

不过北周军队毕竟数量百倍于敌，虽然被头戴面具的兰陵王率领的天降神兵吓了一跳，但很快清醒过来，依仗人多的优势将五百轻骑团团包围，双方杀得难解难分；城上的北齐军此时还没回过神来，不知这支从天而降的部队是何方神圣。危急关头，兰陵王不顾危险，一把摘下兜鍪面具，“仰面示之”，北齐军士一看援军将领居然是美貌的兰陵王，顿时气势大振，箭如雨下。

接下来的场面蔚为大观。但见洛阳城上北齐军箭矢如雨，呐喊如雷；城下红色铁骑横冲直撞，围城的北周军早已慌作一团。再看山上那边，旌旗纷乱，人踩马踏，乱糟糟的北周军士兵如蝗蚁一般四处逃散。敌军这般情景，自然令北齐军军心大振，于是打开城门，内外夹击，北周十几万大军顿时全线崩溃。一时间，北周军“尽弃营幕，从芒山至谷水三十里中，军资器物弥满川泽”。这场史称“芒山大捷”的战役，终以北周军完全溃败、北齐军全面胜利而告终。兰陵王也因此一战成名，由并州刺史晋升为尚书令，从此走上北齐的政治舞台，后来又和元老宿将段韶讨柏谷、攻定阳，并以战功“别封巨鹿、长乐、乐平、高阳等郡公”。兰陵王正是凭借赫赫军功，渐次升至太尉、大司马、太保等高官要职。

需要说明的是，洛阳之战也使兰陵王的个人声望达到了顶点，他在战场上奋勇杀敌的飒爽英姿令将士们看得如痴如醉，为表敬佩之心，战后大家合力谱写了许多记录此战的歌曲，歌词豪迈奔放，例如城内放箭的兵士作词的“我们都是神箭手，每一支利箭射死一个敌人”；例如城头不认识援兵将领者作词的“我不知道你是谁，我却知道你为了谁”——歌名便叫做《为了谁》。

而在所有的词曲中，最为雄壮者当属这首：

假面的汉子你威武雄壮，
飞驰的骏马像疾风一样。
一望无际的原野任你去扫荡，
来犯的敌人汇成血的海洋。

你要是以为这首歌名叫《套马杆》那就错了，事实上，众将士一致同意将这首慷慨激昂的战歌命名为《兰陵王入阵曲》，不久后甚至将之定为北齐军歌，时时在军中组织合唱。不幸的是这首大气磅礴的《兰陵王入阵曲》如今已在中国失传，幸运的是它在唐朝时传入日本，演变至今已成为男子独舞曲，但歌词已经亡佚。不过兰陵王本人并不知道这些发生在遥远未来的故事，他甚至没能意识到，当雄浑有力、气壮山河的《兰陵王入阵曲》歌声传入北齐后主高纬的耳中时，一场意想不到的灾难正悄然而至。

“香水”有毒

纵是兰陵王容颜绝佳，军功显赫，但出生在北齐高氏这样一个疯狂得近乎变态的帝王家族，已经注定了他的悲剧式命运无可更改。这个被后世称作“禽兽家族”的高氏皇室，除却后宫生活的淫秽不堪，最令人寒心的便是丝毫不体恤骨肉亲情，他们对亲属的血腥虐杀的手段，出人意料的野蛮和残酷。

兰陵王的二叔文宣帝高洋，精神分裂加酒精中毒，整日里疯疯癫癫，后听信谗言，竟将自己同父异母的弟弟永安王高浚、上党王高涣困在囚笼里，用矛槊乱捅至死，并投火焚烧，再填以土石。九叔武成帝高湛，不但强行奸污二哥文宣帝高洋的寡妻李氏，还当着李氏的面，把自己的亲侄子太原王高绍德用刀柄活活敲死。此外，他还将六哥孝昭帝高演的旧太子、自己的另一个侄子乐陵王高百年虐打至死。甚至兰陵王兄长、与高湛同岁的河南王高孝瑜，因谏劝胡皇后不该和臣子玩握槊游戏，加之奸臣谗言惹得高湛大怒，强行命这位从小一起玩到大、当年写信时都不忘“劝汝于邺酌两杯”的族侄饮酒三十七大杯，又命人在他回家的路上强行给他灌进毒酒，高孝瑜难受至极，投水而死。

后主高纬性格懦弱，与他列祖列宗相比，荒淫有余，残暴稍次之，不过杀起自己的亲人来，也是毫不手软。一天他的亲弟弟、十四岁的琅邪王高俨在宫中胡闹，声称要造反——这不过是小孩子闹闹情绪，而且已被德高望重的老将军斛律光巧妙化解，可高纬还是不打算放过自己这个胆大妄为的亲弟弟。胡太后知道高纬心眼小，怕他弄死高俨，便把高俨关在自己宫内，高俨每次吃饭前，太后都要亲口尝试，就怕高纬投毒。几个月后，高纬还是趁胡太后睡觉时，将十四岁的弟弟骗到自己的宫里砍了头，还将高俨的四个遗腹子一一杀头，灭了个干干净净。

生活在这样变态的家族，使得兰陵王终其一生都在发扬自己少年时低调的行事风格，一直小心翼翼，想尽办法以求自保。“芒山大捷”后武成帝赏其功，为他买来美妾二十人，可他“唯受其一”，就是害怕太过张扬、遭人嫉妒。但无论兰陵王如何低调，还是不经意间碰上了皇帝的枪口。公元565年，后主高纬与兰陵王再次谈及洛阳之战，竟颇有人情味地劝道“入阵太深，失利悔无所及”。（你冲入敌阵太深，如果不小心发生意外，后悔都来不及啊！）兰陵王一听自己的皇弟如此体贴，不由心生激动，顺口回答：“家事亲切，不觉遂然。”（我把这当成自己的家事，没注意就这样了啊）

这本是一句表忠心的告白，却被高纬认为是手拥兵权的兰陵王想取而代之、把“国事”变成“家事”的心情流露，他又想起军中时时高唱的《兰陵王入阵曲》——你这是要搞个人崇拜么——顿时心生猜忌，史载“帝嫌其称家事，遂忌之”。

意识到说错话的兰陵王深感大难将至，尽管日后时时刻意淡化自己，可仍在武平四年（573年）五月，迎来了后主高纬派来的带着毒酒的使者。兰陵王悲愤至极，回想一年前重臣老将斛律光，也是无辜被引诱入宫，用弓弦残忍勒死，顿时万念俱灰，高呼“我忠以事上，何辜于天，而遭鸩也！”接着毅然喝完毒酒，离开了这个乱糟糟的世界。

重要军事将领兰陵王的遇害，预示着北齐王朝的行将终结。四年后，北齐为北周所灭，高氏子孙几乎全遭屠戮。时至今日，大约只有京剧中受兰陵王影响而产生、至今犹存的面具，还有《V字仇杀队》中身披黑袍、头戴面具的神秘形象，仍在讲述着关于兰陵王帅到需要隐藏的传说。

谢 混

我的爷爷是谢安

十多年前，当我精疲力竭地扛着行李从西溪校区远迁城西，立在用两块巨石堆砌而成的浙大校门边以不可思议的期待之情远眺这片工地的时候，我的心禁不住悲凉起来。啊！这就是我一年多来时时憧憬的紫金港？

我所想象的紫金港全不如此。我的紫金港好得多了。但要我描绘它的美丽，说出它的佳处来，却又没有影像，没有言辞了。仿佛也就如此。于是我自己安慰说，它终究也是有很多好处的——单说进门这一个很大的湖泊，不就是西溪校区所没有的么？

后来全校在给这一片湖泊取名的问题上大费周折，有说应该叫“眉潭”，有说应该叫“勺海”，还有人认为为了显示其周围风景之美，可以将其叫做“西湖浙大分湖”。

时光荏苒，如今启真湖畔的少年大概再也体会不到前人在命名问题上的纠结；

但若时光倒流一千六百年，若有另一群人聚在北京某个著名校园水池边的亭子里，他们就不会为了因为要给它想个名字而殚精竭虑，其中一人会直接从自己的诗句中摘选两词，唤它做“水木清华”。

如你所知，此人便是谢混，后人从其五言诗《游西池》“景昃鸣禽集，水木湛清华”两句中摘取二字，不但直接做了清华大学的校名，还使之成为一个著名的景点。

他的风姿倾江左

当然，纵使谢混风华绝代，也不会想到自己的诗句会在后世变得如此家喻户晓，否则闲暇时定会笔耕不辍，除了《游西池》，还有《西游记》；除了“水木湛清华”，还会写出无数类似“日月耀光华，水木湛复旦”，“东方有剑桥，水木湛浙大”这样的好诗，一千多年后无论哪个大学提及校名的典故，里面都会有谢混的名字。

但少年谢混之所以声名远播，会写诗只是其中一个微不足道的因素，更重要的原因有两个，首先便是他的帅。谢混的帅不像韩子高那么惊人，美到让手持兵刃的敌人也生出同情心；甚至不像卫玠那样炫目，美到每次出门都会被不明真相的群众围追堵截——史书上并没有用风流倜傥、玉树临风之类庸俗的形容词来描述谢混的长相，只告诉我们，东晋民间曾经仿照如今超女的选拔方式，列出了一份“江左美男排行榜”，在这份将江左帅哥一网打尽的名单上，谢混名列榜首，史称“江左风华第一”。

需要说明的是，“江左”虽然看起来像个不大的地方，跟江阴、江门无甚区别，事实上却是个很有讲究的地名。结束于306年的“八王之乱”使建都洛阳的西晋统治土崩瓦解，琅琊王司马睿渡江南下，于317年建立东晋政权，中原士族相随南逃，史称衣冠南渡。由于长江在今江西九江至江苏镇江一段是西南向东北方向斜流，长江东南岸地区遂称江东，又称“江左”。尽管数百年前项羽被迫自刎乌江颇有豪气地喊出“籍与江东子弟八千人渡江而西”时，江东仅仅指其故乡下相（今江苏宿迁），但对此时正与北方十六国划江而治的东晋，以及其后的宋、齐、梁、陈诸政权来说，区区江左已经是其国土的全部了。

因此“江左风华第一”的另一种说法便是“东晋第一帅”，虽然没有史料表明这场选秀有否采用全国分片区PK，再从优胜者中决出全国冠军的方式，但那时候的老百姓想来还比较淳朴，断不会像如今重庆、海南等地的选美一样——选出来的“美”们让人觉得甚至多看一眼都是一种残忍。

他的爷爷是谢安

除了帅，谢混出名的另一个原因则是因为他的爷爷。少年时代的谢混时常面带得意之色，对从小在乌衣巷里一起长大、脸上露出无限虔诚和敬仰的玩伴们训话：我无限地崇拜爷爷，爷爷是我的上帝！以及其标志性的口头禅：我爷爷厉害，消灭了一百五十万秦军！

谢混的爷爷是谢安。

对偏安江南一隅的东晋小朝廷来说，曾经官至宰相的谢安几乎是一个神一样的存在，这点在他死后从民间得到的殊荣上可以体现出来。谢安逝世后，民间将其尊奉为神祇，封的称号多到令人瞠目结舌，靠谱的如“谢千岁”、“谢圣王”、“谢王公”、“谢老元帅”，离奇的如“广惠圣王”、“广惠尊王”、“广应圣王”、“广应尊王”、“护国尊王”，甚至还有不知所云的“显济灵王”。这一切与谢安指挥并取胜的“淝水之战”是分不开的。此役不但击退苻坚率领的前秦大军，使风雨飘摇的东晋朝廷得以苟安，也为次年东晋北伐奠定了基础——这次北伐是东晋建立以来最大的一次战胜扩地。

淝水之战前数十年，前秦便已先后灭掉前燕、代、前凉等割据国，统一了黄河流域，又于公元373年攻占了东晋的梁（今陕西汉中）、益（今四川成都）二州，将势力扩展到长江和汉水上游。前秦皇帝苻坚因此踌躇满志，欲图以“疾风之扫秋叶”之势，一举荡平偏安江南的东晋，统一南北。而此时的东晋小朝廷则由桓氏、谢氏把持朝政，两大家族争吵不休。不过谢安一边尽力调和桓谢两大家族关系，一边安抚国民：前秦虽然强大，却也不是不可战胜的，对付核潜艇我们有海带，对付F-16我们放鸽子，对付登陆舰我们有死猪，对付步兵我们就拆井盖，对付生化部队？我们有黄沙尘、PM2.5！怕什么！

最终的事情果然如谢安所愿，率领号称可以“投鞭断流”的百万之师威武南下的苻坚却在淝水之战时发现战船果然被水草缠住，惊吓中又把远处的山川草木皆当成晋军，很快遭遇莫名其妙的惨败，导致前秦的统治一泻千里。次年（384年）昔日娈童慕容冲更是发兵来袭，给苻坚造成心理和生理双重打击。顽抗一年后苻坚终于抵挡不住，带着数百轻骑逃出长安，两个月后竟被叛将姚苌派人缢杀，这都是题外话了。

谢安的声望因为淝水之战的胜利而到达顶峰，虽然此役赢得全无章法，但从此谢安的军事思想在朝廷上下却得到了广泛的赞颂，被誉为“战无不胜攻无不克的谢安思想”，东晋官方报纸《建康日报》甚至专门做文宣传，文中案例有在谢安思想指导下杀猪、谢安语录治好了精神病、谢安讲话催生了勾股定理等。一时间谢家风头无两，其居地秦淮河畔的乌衣巷顿成热门景点，在巷口逛逛需要五两银子，进去参观需要十两。

需要说明的是，乌衣巷地处秦淮河南岸，是三国时吴国戍守石头城的部队营房所在地，当时军士穿黑色制服，故以“乌衣”为巷名，东晋时成为高门士族的聚居区，东晋开国元勋王导亦与谢安一起住在这里，而成为景点则是淝水之战之后的事。这个景点一直到唐末都颇有盛名，不过那时候门票就更贵了，晚唐诗人刘禹锡某次经过乌衣巷，打算进去参观，却发现买不起门票，只好写诗一首抒发怨气，说什么“朱雀桥边野草花，乌衣巷口夕阳斜”，意思是说和朱雀桥头一样，乌衣巷里面只有些野花野草，景致一般，而且日已西斜，天色已晚，不看也罢；末二句“旧时王谢堂前燕，飞入寻常百姓家”，更是说寻常百姓家里的燕子也和乌衣巷里飞出来的一个模样，那就更没什么看头，不值得花钱买门票。

当然这都是后话，而且刘禹锡这首《乌衣巷》也有其他解读，例如我们小学时候课本上讲解此诗，便说它用以小见大的手法描写了贵族的盛衰变化，思想深刻、脍炙人口云云——但很明显这与本文主旨无关，而且素来以乌衣巷为傲的谢混也不见得听得进这样的解释。每当他神气十足地告诉人们“我爷爷厉害，消灭了一百五十万秦军”时，心中都洋溢着作为谢氏子孙的无限骄傲。

帅得惊动孝武帝

有了这样绝世的才华、出众的容貌与显赫的出身，不难想见，年轻的谢混想不出名都难。有一件事很能证明谢混的名气之大，当时王献之外甥羊欣因仰慕谢混而登门拜访，正巧此人个性很合谢混胃口，谢混特意拂扫坐席，再换了身好衣服才见他。事情传出去之后，一夕之间羊欣便成了名士，人们提起他，都说“这是谢叔源（谢混表字）敬重的人物。”

到了晋孝武帝太元二十一年（396年），谢混的名声已经大到在一定程度上影响孝武帝的择偶观了。虽然谢混生年不详，但考虑到其父谢琰为谢安次子，谢混又是谢琰第三子，而谢安生于公元320年，那么谢混的出生应不早于370年，到太元二十一年年纪不会超过二十六岁。二十出头的谢混并不知道孝武帝的女儿晋陵公主即将成年，老爹打算给他找一个合适的女婿。

孝武帝虽然在淝水之战后变得嗜酒成性，《晋书》说他“醒日既少”，常常通宵达旦饮酒，曾做出在华林园（今南京市鸡鸣山南古台城内）对着划空而过的太白金星，举酒祝之曰“长星，劝汝一杯酒，自古何有万岁天子邪！”的蠢事，但碰到为女儿选婿这等大事也不敢马虎，找来时任尚书仆射的重臣、王羲之堂侄王珣，对他说：我对女婿的要求也不高，能像当年王敦、桓温这样才能卓越的驸马最好，找不到也没关系，像刘惔、王献之这样的也可以凑合。（谓王珣曰：“主婿但如刘真长、王子敬便足。如王处仲、桓元子诚可，才小富贵，便豫人家事。”）

王珣一听，眼珠子惊讶得差点掉下来：陛下，您这果然条件不高！上述四位晋室驸马，在世时都是鼎鼎有名的人物，王敦、桓温都是朝廷权臣，一个协助元帝司马睿建立东晋政权，一个三次领导东晋北伐，不过这两人日后都有威胁皇权的动作；刘惔、王献之乐于谈玄、怡情山水，也都是前朝名士，找到能与这四位相比的单身男士谈何容易啊！王珣思考良久，告诉皇帝：那就首推谢混了。他虽然不如刘惔，但也不比王献之差。（“谢混虽不及真长，不减子敬。”）。孝武帝兴奋道：既然你如此推崇，那就是他了。

就在好运即将降临、谢混很快就要成为当朝驸马的时候，像所有高潮前夜的爱情故事一样，悲剧发生了。不过这次的悲剧倒不是谢混突遇车祸而失忆，也不是晋陵公主突然患上白血病——这是只有韩国编剧才编得出的剧情——孝武帝突然驾崩了。顺便说一句，《中国社会导刊》曾经刊发论文《韩剧女主角为什么总死于白血病》，不嫌麻烦的可以网上搜一下。

但东晋孝武帝司马曜的死，绝对充满任何韩国编剧都编不出来的离奇。孝武帝沉溺酒色已久，这日又像往常一样喝得大醉，对自己的妃子、当时已年近三十的张贵人开玩笑说：以你这么老的年纪，应该要被废黜啦（“汝以年当废矣”）。张贵人听罢大怒，你嫌我老，我还嫌你活得长呢，当晚即趁孝武帝酒醉未醒，用被子将其活活闷死。司马曜不但因此成为历史上死得最窝囊的皇帝（秦始皇统一六国时，被秦军关在树林里活活饿死的齐王建除外），还是历史上唯一被后宫成功弑杀的皇帝——另一个险被后宫刺杀的皇帝则是明世宗朱厚熜。嘉靖二十五年（1546年），杨金英等十余名宫女因不满世宗暴行，趁嘉靖睡觉时用绳子套住其脖子欲将之勒死，史称壬寅宫变。但因宫女过度紧张把绳子打了个死结，后被及时赶来的皇后救活。这两个故事告诉我们，老婆之外的女人靠不住啊。

接下来的剧情便有琼瑶的风范了。皇帝一死，急坏了谢混和晋陵公主，却让另一人喜上眉梢——他便是曾任吴郡太守的袁崧。看着这门亲事告吹，袁崧连忙找来王珣，想将自己的女儿许给谢混。王珣再次张大了嘴：谢混这桃花运也太好了，旧的还没去，新的就来了！不过还是一本正经地劝告袁崧：这人可是皇帝的肥肉，你不要去碰啊！（“卿莫近禁脔”）

公主拿我当肥肉

王珣这句不经意的警告，让“禁脔”一词顿时变成谢混的专有名词。这可是一个大有来历的词语。东晋初年，民生凋敝，举国上下一穷二白，不但工业落后，连火柴、铁钉都要从前秦进口，而且物资极度匮乏，老百姓多以树皮、草根、观音土为食，就连皇帝本人想吃块肉也不容易。当时晋元帝司马睿爱吃猪肉，觉得猪脖子上有一块肉味道最美，因此官员们家里杀猪都不敢吃猪脖子肉，忍痛割下来给皇帝吃，这块肉就被称为禁脔。后因谢混之故，“禁脔”成为珍美、独占而不容他人染指之物的代名词。

顺便说句题外话，秦末战乱后的西汉初年，由于物资匮乏，连天子出行都很难凑齐四匹毛色相同的马，宰相出行只能乘坐牛车，普通农民则以人力耕田，《史记·平准书》称“自天子不能具钧驷，而将相或乘牛车，齐民无藏盖”。谁知六百年过去，东晋建国后更加不堪，朝廷能得到一口猪改善生活都成了很不易的事。可见谢混在当时有多么的抢手！

王珣担心若是谢混继续单身，上门提亲的只会越来越多，于是赶紧为谢混和晋陵公主主持大婚。晋陵公主见到自己的夫婿如此英俊风流，早已和自己的皇帝父亲一样，将谢混视为禁脔，婚后两人举案齐眉，琴瑟和鸣，仿佛童话里王子和公主从此过上了幸福的生活。居于乌衣巷府的谢混外有父兄屏障家族门户，内有晋陵公主执掌家务，生活平静圆满，无忧无虑，在此期间写下了不少瑰丽的诗篇，一反充斥西晋诗坛的玄言诗风气，被认为在玄言诗向山水诗发展的过程中起了承前启后的作用，对东晋诗风的推移产生了重要影响，沈约在《宋书·谢灵运传论》中称“仲文始革孙许之风，叔源大变太元之气”。到了晋末，谢混已经官至尚书仆射，是当时谢氏最重要的人物。

可惜好景不长，东晋自孝武帝死后已呈现崩溃之相，先是桓玄废帝篡权，再是刘裕征讨桓玄，接着刘裕和刘毅争强，刘裕得胜，废晋自立，建立宋。此后东晋正式灭亡，进入了南北朝时期。谢混成了这场内耗的牺牲者，他因追随刘毅而于晋安帝义熙八年（412年）被刘裕所捕，仅隔一夜便被处死，晋陵公主都来不及搭救。

不过晋陵公主随后的作为证明她完全没有辜负自己的“肥肉”，谢混死后，刘裕剥夺其晋陵公主的名号，贬为“东乡君”，再逼迫她与谢家划清界限，改嫁琅邪王练。公主坚决不从，虽迫于压力改嫁，但一直不懈请求回到谢家守节。在她老病将死的时候，刘裕终于答应了她的请求，回到自己熟悉的谢家院落，死后要求与谢混合葬。而刘裕也终于在自己逼迫恭帝禅位时后悔不已，在这个改朝换代的重要日子，没有谢混拿着玉玺和绶带当主持人，实在是美中不足！他在封禅台上遗憾地告白：谢混死了，后人再也欣赏不到他的风姿了！（“吾甚恨之，使后生不得见其风流！”）

刘裕的预言很快变成现实，某年月日，名士袁粲赞琅琊王彧长得漂亮，旁边一位小时候见过谢混的人插嘴道：王彧要是站在谢混边上，非得被比成个野人不可。袁粲惆怅良久：恨眼中不见此人。

多年以后，唐人孙元晏读史至此，还深深仰慕谢混“禁脔”的风采，赋诗赞曰：

尚主当初偶未成，此时谁合更关情。

可怜谢混风华在，千古翻传禁脔名！

而时至今日，不知人们在清华大学的校门，回味着“景昃鸣禽集，水木湛清华”两句如画般栩栩如生的诗句时，心中会否像不舍旧情的晋陵公主一样，心中屡屡浮现出一千六百年前这位绝世帅哥令人心碎的身影。

韩子高

他的江山里有我的名字

若干年后，如果有人回忆起2013年的春天，大概会用这样的开头：那一年，广州连续下了七七四十九天的雨，北京的空气里飘了七七四十九天的雾霾；杭州的四季随机播放，上海的人们集中销毁了全市的鸡，黄浦江上死猪顺流而下；四川地震没完没了，我们一群年轻人顶着被室友杀害的危险，坚强地活了下来……

这真是一个多事之春。

另外一条同样发生在这个多事之春的新闻，却因这些大事的发生显得约略逊色了：2013年3月，考古工作者在南京市栖霞区永宁陵一带发现了两座大型南朝墓葬，一段铺砌在两座古墓中间的墓砖成了这两座相距十米的墓葬的桥梁。记者写道：这使它们“看起来有手牵手的感觉”。虽然墓葬主人的身份未能最终确认，但有专家推测，这里很可能埋葬着一位同性恋皇帝和他的男宠，还有他们关于一千五百年前“断背山”的传说。那就是南朝时期陈朝第二代皇帝陈蒨，与他深爱着的“男皇后”韩子高。

一场求婚引发的叛乱

时光回到南朝梁世祖承圣二年（553年），同样是一个多事之春。本该春暖花开的江南却杀气四伏，延续了长达三年半的“侯景之乱”虽已落下帷幕，但战乱余温尚存，游兵随处可见。

十六岁的少年韩蛮子在这年春天离开寓居的京都（今南京），打算回到故乡山阴（今绍兴）。当他在行走在江南乱兵四起的山间小径时，不止一次地有挥舞着长枪白刃的敌人逼到近前，但奇怪的是，每当敌人走近看清他的长相时，无不讶异地抛掉手中的兵刃，再侧身让出道路供其通行。《陈书》为我们提供了答案，作者姚思廉用这样的语句描写韩蛮子：“容貌美丽，状似妇人。”不难想象，当野蛮士兵们的目光凝固在那国色天香的脸上时，他们看到的是怎样惊心动魄的美呵。

不过也许连韩蛮子自己都不会想到，正是这场让他多次死里逃生的战乱，才使他得以遇见那个改变了他一生的男主角，也让他的名字从颇有点三俗气息的韩蛮子变成了令后世无数人魂牵梦绕的韩子高；并且在不久的未来，他将与主角一起站在中国历史舞台的中央，扮演着显赫的男二号，享受着最好的灯光和机位，拥有着最多的特写和对白——当然，还有小说家留在野史上最肆意和狂野的遐想。

这场改写了韩蛮子的生活、也在一定程度上改写了中国历史的战乱始于一次失败的求婚。梁武帝太清元年（547年），东魏将领侯景率部投降梁朝，曾向梁武帝萧衍求婚于琅琊王氏、陈郡谢氏两大家族。此时王、谢两族虽已不复全盛时“王谢风流满晋书”的盛景，但也是名门望族，一般人家的子弟哪能入眼，因此梁武帝以王谢门第太高而拒绝，并表示可以在朱姓、张姓等其他世族中找对象（“王谢门高非偶，可于朱张以下访之”）。

求婚失败令侯景深深忌恨，当场便发泄道：什么门第？我要叫他们做我的家奴！（“会将吴儿女以配奴！”）仅仅过了一年，便于公元548年八月勾结京城守将萧正德举兵谋反，史称“侯景之乱”。这场历时长达三年零八个月的叛乱使南朝士族遭到沉重打击，南方社会几近崩溃，六朝古都建康“千里烟绝，人迹罕见，白骨成聚，如丘陇焉”，带兵进入建康的侯景为了雪耻，也为了实现昔日以王谢儿女配奴的誓言，几乎将王、谢两家屠戮殆尽，甚至梁武帝本人也被侯景囚禁起来，饥饿而死。

相比日后根据《无极》改编而成的《一个馒头引发的血案》，这场名为《一场求婚引发的叛乱》显得更为火爆和无厘头。需要补充的是，在侯景的榜样清单上，虽然有刺杀两任义父而留下“三姓家奴”之名的吕布震古烁今，但这次叛乱的主角侯景与之相比毫不逊色。这位在北魏末期民变中崭露头角的起义军将领，先是带着自己的部队投奔尔朱荣，当高欢消灭尔朱家族后又加入高欢帐下；不久高欢病死，侯景立刻叛变投梁，却在向萧衍求婚于王谢两家失败后，迅速举兵叛梁，甚至在公元551年自立为帝，过了好几个月的皇帝瘾，与当了八十三天皇帝的袁世凯有得一拼。不过屡屡背叛旧主的侯景最后的结局可谓悲惨，在兵败于扬州刺史陈霸先后，其尸体被切割成碎片，遭愤怒的人群抢食一空。

年仅十六岁的韩蛮子自然不知道侯景身上这么多故事，否则便会因受侯景之乱的影响，被迫离开京都返回山阴的时候，在心里暗骂一声“三叛家奴”。但数次面对死亡却又成功逃生的经历，却使他心中对于“苟全性命于乱世”的期待，覆盖了原本对侯景的无限怨恨。

韩蛮子随后的经历完美地诠释了“大难不死必有后福”的含义。当他在这天的黄昏无意间碰到陈霸先的侄子、时任吴兴太守的陈蒨时，这两个男人不由得心中各自一颤。若是曹雪芹将《红楼梦》的时代背景前移到南北朝，就会用这样的记载描述两人初见的情景——蛮子、陈蒨一见，互相吃一大惊，心下想道：“好生奇怪，倒像在哪里见过一般，何等眼熟至此！”

接下来的故事便顺理成章了，陈蒨在见了可用“如花似玉”四字形容的韩蛮子后心中大喜，上前问道：“能事我乎？”史载“子高许诺”。陈蒨遂将其招为贴身备刀侍卫，负责传酒炙等工作，又因为“韩蛮子”之名太过难听，为其赐名韩子高。从此韩子高与陈蒨朝夕相处，并学习骑射，很快成为其左膀右臂，为陈蒨日后建立霸业立下了汗马功劳。

野史是怎样炼成的

《陈书》对韩子高的记载基本如此，随后描写了韩子高从一个孱弱美少年成长成一位手握兵权的重臣的经历，并极言其与陈蒨关系融洽——陈蒨性情急躁，只有韩子高能很快明白他的意思，于是韩子高便充当了陈蒨与部将们之间翻译者的角色。《陈书》甚至记载陈蒨曾梦见自己骑马登山，道路险峻，他连人带马险些从山上掉落，幸得韩子高上前拉住，将其推回安全之处。不过我怀疑《陈书》作者姚思廉写作此文时刚读完《汉书》有关章节，因为这个骑马登山被人推了一把的梦，很明显雷同于汉文帝与邓通相识前的场景——汉文帝梦见自己升天失败，被一个黄头郎从背后推了一把，随后成功克服地球引力，变成了飞天的神舟九号，兴奋之余将邓通纳为男宠，给了他享不尽的荣华富贵。姚思廉若是在《韩子高传》中补充一句“本故事纯属事实，如有雷同，不胜荣幸”那就完美无缺了。

大约正是因为这个原因，在明人王世贞、王骥德等人笔下，韩子高便从一员青年骁将变身为美貌龙阳，相貌也不是简单的“容貌美丽，状似妇人”，而是王世贞在《艳异编·男宠部》里毫发毕现的描摹，“容貌艳丽，纤妍洁白，如美妇人；螓首膏发，自然娥眉，见者靡不啧啧。即乱卒挥白刃，纵挥间噤不忍下，更引而出之数矣”。这早已不再是眉清目秀的男子形象，而几乎到了不化妆就可以饰演林黛玉的程度。当读者津津乐道于作者肆意汪洋的想象时，历史上真实的韩子高的面目早已模糊不清。

他的江山里有我的名字

如果姚思廉有幸——或是不幸——读到王世贞的《艳异编》和王骥德的四折杂剧《男王后》，也许会像1921年回故乡见到闰土之前的鲁迅一样，发出唏嘘郁闷的感慨——

……我的心禁不住悲凉起来了。啊！这不是我二十年来时时记得的韩子高？我所记得的韩子高全不如此。他要比陈子高好得多了……怎能是这样一个同性恋?

虽然鲁迅在《故乡》中说“但要我记起他的美丽，说出他的佳处来，却又没有影像，没有言辞了”，但对姚思廉来说全非如此。事实上，他在《韩子高传》里花了很多篇幅来描写战场上骁勇的韩子高，不但着重突出了其“出身低微、容貌美丽、忠诚恭谨、将才出众” 四大特征，还如实记录了韩子高从梁承圣四年（555年）跟随陈蒨讨伐杜龛、绍泰二年（556年）随陈蒨征讨张彪、直到陈天嘉二年（561年）底独自出征讨留异的经历。在近十年时间里，韩子高可谓战功赫赫。

与韩子高追随陈蒨南征北战几乎同时，原为南朝梁大将的陈霸先于公元557年代梁自立，建立了中国历史上唯一的朝代名与皇帝之姓重合的朝代，陈。两年后陈霸先病卒，侄子陈蒨继位，是为陈文帝。五代时期后周的建立者郭威因为亲生儿子被后汉隐帝刘承佑杀掉，无奈将皇位传给了养子柴荣——与之相似的是，陈霸先虽生有六子，却有五个早夭，唯一长大的第六子陈昌，却又被北齐俘虏，只好将皇位传于侄子。若是陈霸先知道郭威的经历，估计忍不住长叹一声：

幸福的人各有各的幸福，不幸的人却有着相同的不幸啊。

陈蒨继位后，立刻授韩子高右军将军之职，次年再册封为子爵。天嘉二年（561）十二月征讨留异，韩子高亲率大军出击，单枪匹马杀入敌阵，敌军无不惊骇。此时距离兰陵王高长恭的成名战——北齐武成帝河清三年（564年）冬的洛阳解围——还有三年，否则韩子高也许会受之启发，制造一面相貌狰狞的面具，如一条翻飞的巨龙，在敌人阵中席卷而过，而不是当敌人还在苦思冥想如此美貌的大帅哥如何会有这样惊人的战斗力，百思不得其解时被韩子高一刀砍下脑袋。此战中韩子高虽伤左颈，但他在战场上的神勇表现，给陈蒨留下了深刻的印象，留异讨平后，被授假节、贞毅将军、东阳太守。

《陈书》中的韩子高大抵如此。这是一个颇有胆识及将才的美男子，跟随陈蒨的日子里，对主子恭敬有加，忠诚不贰。他的步步升迁并不是靠他的色相，而是凭借他稳扎稳打、卓越超群的累累战功，在陈蒨的江山上，留下了自己的名字。

那一场关于“男皇后”的风花雪月

但这样一位青年骁将，在冯梦龙、王世贞、王骥德等人接力赛般的歪曲下，不但赫赫战功被一笔抹去，翻身变为美貌龙阳，还差点成为陈蒨的“男皇后”。在后人津津乐道的韩子高的故事里，他的美貌不但让敌人不忍伤害，而且令无数纯情少女不可自拔，甚至陈霸先之女都因疯狂暗恋子高，最后相思成疾咯血身亡。因为此前公主已经与大司马王僧辩之子订婚，政治联姻因这场私情破灭后，陈霸先派陈蒨率韩子高为急先锋，一举歼灭了王僧辩父子，从而扫除了自己废梁帝自立的最大障碍，最终直接导致陈朝的建立。而陈蒨为了表示对韩子高的宠爱，甚至亲口答应自己继位后将他纳为皇后。

每当读到这样的故事，我都觉得野史作者的想象力，实在惊世骇俗。

王世贞在《艳异编》中首次提出了“男后”这一概念。陈蒨、韩子高欢情洽浃之际，陈蒨赠诗以表自己的浓情蜜意：

昔闻周小史，今歌明下童。

玉尘手不别，羊车市若空。

谁愁两雄并，金貂应让侬。

夜半缠绵枕畔时又私语曰：人言吾有帝王相，审尔，当册汝为后。而韩子高亦喜不自禁：古有女主，当亦有男后。明公果垂异恩，奴亦何辞作吴孟子耶！

王骥德作于明万历后期的杂剧《男王后》，则在此基础上更进一步，最终为男皇后的故事定型，当然对史实的歪曲也更加肆无忌惮，甚至被改姓陈的韩子高一上场便感叹自己是一男儿身，枉生了闭月羞花貌："昨日有个相士，说我龙颜凤颈，是个女人定配君王。当初爷娘若生我做个女儿，凭着我几分才色，说什么蛾眉不肯让人，也做得狐媚偏能惑主。饶他是铁汉，也教软瘫他半边哩。可惜错做个男儿也呵。"在陈蒨将之立为皇后后，又大肆描写子高装扮完毕，"锦带霞翻"，"绣衫月掩"，"彩裙风飏"，与陈蒨在长秋宫行礼，接受众妃嫔的朝贺，并以盛大夜宴庆祝的场景。与《艳异编》一样，王骥德笔下由稗官野史、民间想象、逸闻趣事合成的韩子高，成了晚明通俗文学消费潮流中戏说历史人物的典型个案，反映了晚明社会文人以轻浮的笔墨改写真实历史的倾向。

但无论王世贞也罢，王骥德也罢，关于男皇后故事的结局都是一样的，因为陈蒨在仅仅当了七年皇帝之后便去世了。尽管韩子高在陈蒨在位的很长的一段时间里都作为朝中二号人物出现，但他与陈蒨的关系依旧融洽，在天康元年（566年）陈蒨病重期间，韩子高入宫侍奉医药，仍像当年一样贴身服侍。

尽管如此，陈蒨还是无可挽留地病故了。

就像所有悲剧故事的结尾一样，失去靠山的韩子高很快迎来了自己的谢幕演出。因为战功赫赫，位高权重，韩子高深受权臣陈顼猜忌。史载韩子高在陈蒨死后“深不自安”，多次请求外放，可是都被拒绝，不久陈顼以讨论太子人选为名召集大臣们议事，在韩子高赴会后立即将其逮捕，随即以谋反罪处死，时年三十。如果当年设计诛杀韩信的吕雉读到《陈书》中相关记载，也许会深有感触：设下此计的陈顼，简直是青出于蓝而胜于蓝啊。

《南北史通俗演义》中记录了陈顼为韩子高量身打造的罪名，读来煞有其事：“韩子高小竖轻佻，推心委仗，阴谋祸乱，决起萧墙，元相不忍多诛，但除君侧，何意复密诏华皎，称兵上流，国祚忧惶，几移丑类。”可惜在陈顼之前一千年，左丘明便在《左传·僖公十年》中记录着晋惠公即位后欲诛杀重臣里克时，里克面对使者说出的那句千古名言：欲加之罪，何患无辞？

2013年春，考古工作者在南京发现两座大型南朝墓葬。从远处看去，两座大墓一左一右“斜靠”在山上，走近却发现它们之间“手牵手”的墓砖。更令人惊奇的是，墓前的神道石刻不是常见的一雄一雌，却两只都是雄性：东边的是双角天禄

（传说中的神兽），西边的是独角麒麟，两兽体态修长，身姿雄武，莫非也正告诉人们一些未为人知的真相？

此时，当再读到这样一首关于韩子高的简单的诗句时，令人更忍不住扼腕叹息，耸然动容：

绝世风流乱世娇，一朝侍帝未折腰。
纵横起落前朝覆，剑定江山铁马骁。
情深不寿空余恨，犹胜玉树后庭谣。
千古艰难惟相守，世情岂阻此心昭。

吕布

三姓家奴的爱恨情仇

如果做一个关于三国诸将谁杀敌最为勇猛的投票，答案定然不致五花八门，吕布必将以绝对优势排名第一。

吕布，字奉先，五原郡九原县人，东汉末年名将，汉末群雄之一，先后为丁原、董卓部将，也曾为袁术效力，曾被封徐州牧，后自成一方势力，于建安三年（198年）在下邳被曹操击败并处死。由于《三国演义》及各种民间艺术的演绎，吕布向来以“三国第一猛将”的形象存在于人们的心目之中。

四大美女故事之最帅男主角

但是相较“三国第一猛将”，吕布大约对自己“三国第一帅哥”的头衔更感兴趣。事实上，就算没有“人中吕布，马中赤兔”、“头戴三叉束发紫金冠，体挂西川红锦百花袍；身披兽面吞头连环铠，腰系勒甲玲珑狮蛮带”的历史记载，吕布也早已帅到让随行的拉拉队女队员们为之神魂颠倒的地步。

除此之外，在本书所有帅哥中，吕布还是在中国古代四大美女故事中扮演过角色的唯一一人。在以“沉鱼落雁、闭月羞花”事迹知名的四大美女和她们的男主角中，无论是携手西施泛舟西湖归隐而去、日后成为著名的“陶朱公”的范蠡，还是怒斩毛延寿、忍痛送昭君出塞的汉元帝刘奭，抑或对杨玉环“三千宠爱在一身”、为了一筐荔枝不惜劳民伤财的唐玄宗李隆基，都不曾像与貂蝉一起在东汉末年的反腐斗争中联袂演出的吕布那样，在爱情故事本身的曲折动人之外，还以“帅”的形象流传千古。

尽管如此，吕布却仍然留下了“三姓家奴”这个并不光彩的身份，甚至比“帅”、“猛”的形象更加广为人知。吕布生于山西定襄，貂蝉则生于忻州，至今当地仍有“定襄没好男，忻州没好女”的说法，这固然是因为他们两人一个勇猛异常，一个貌美如花，占尽了定襄和忻州的风水，但恐怕这也是对吕布“三姓家奴”名声不无恶意的嘲讽。

三姓家奴名声的版权来自张飞，本源于吕布在父亲早逝后先后拜荆州刺史丁原和丞相董卓为义父，却在不久后又杀死二人，另投新主。因此在汜水关前，当关羽出演“温酒斩华雄”剧目完毕后，吕布隆重登场，连败敌方四员大将，张飞按捺不住，高喊着“三姓家奴休走！燕人张翼德在此！”便拍马上前。吕布与之斗五十合不分胜败，随后关羽、刘备也加入战团，吕布以一敌三。虽然此役之后，“三英战吕布”的英雄事迹令本来就颇有知名度的吕布名声更响，但张飞的一声呐喊，也将吕布的人格定格在毫无操守的层面上，经过罗贯中的一番演绎，纵历经千余年来滚滚长江水的涤荡，仍清晰如昨。

不过与程咬金、李逵一样，张飞素来以粗鲁、没文化的形象深入人心，但“三姓家奴”一词却不但褒贬鲜明，而且概括精准，张飞临场能造出这样词语的可能性非常之小。因此若非罗贯中搬弄是非，便是张飞与刘备、关羽日常生活中早已对吕布有此定论，只等战场上一声高喊，给吕布造成心理打击。但吕布听后竟激发潜力，上演了以一敌三的好戏，却是张飞事先完全没能料到的。

不要随便打人耳光

这些简单的事实记载，只为后人留下了一个平面的吕布，而根据多年学习历史的经验，分析人物必先了解其心理活动。在了解吕布心理活动的过程中，我发现他接连背叛旧主的原因绝非张飞所认为的贪恋权势如此简单，他两次弑杀义父似乎另有隐情——只是这些在《三国演义》和《三国志》中原本清楚明白的记载，却因作者没有点出其逻辑关系而被人有意无意地忽视了。

按照《三国志》的记载，吕布年轻时候因为骁勇有力而在并州当差，职位相当于并州地区的普通警察。后被荆州刺史——相当于荆州省长——丁原看中，丁原收其为义子，并纳入麾下担任主簿，事实上相当于并州地区的公安局长。对年轻的吕布来说，从一个普通警察突然变成省长的义子，并被迅速提拔为公安局长，心中对丁原感恩戴德之情溢于言表，因此发誓尽心竭力报答义父。

需要说明的是，此时东汉正由董卓把持朝政，他废汉少帝刘辩，立其弟弟刘协为汉献帝。董卓此举引起举国上下普遍不满，很快境内民变四起，各地叛军举着“打到长安城，重建未央宫”的旗号招兵买马，荆州黑社会亦闻风而动，趁此良机发展壮大，荆州境内鸡犬不宁。刺史丁原不满董卓专权，但恐黑社会侵占自己地盘，遂下令镇压。公安局长吕布被任命为打黑一把手，在荆州开展了轰轰烈烈的打黑运动，取得不凡成就，丁原大感满意。

如果故事就此平淡地发展下去，毫无疑问丁原吕布会成为“打仗亲兄弟，上阵父子兵”的绝好典范，罗贯中的《三国演义》也就没法写下去了。故事当然需要波澜，此时出现的波澜便是吕布某日抓获黑帮头目一名，经审讯竟是董卓亲信。吕布不敢得罪丞相，暗地将之释放；不料被人告密，事为丁原所知。丁原大怒，认为吕布私自做主乃是不给自己面子，遂叫来吕布面谈。吕布刚刚走进办公室，正欲汇报工作，就被丁原的两个耳光打得眼冒金星。吕布大感不爽，心想我为你出生入死，你却打得我半死，心中陡生怨恨。

事情很快传到董卓耳中。董卓大喜，立刻命人联系吕布，送来丰厚的见面礼，计“黄金一千两，明珠数十颗，玉带一条”，还许以“骑都尉、中郎将、都亭侯”的爵位。吕布担任公安局长期间吃拿卡要不计其数，对这些珠宝、爵位什么的倒是没有特别感觉，但最后一份礼物却让他怦然心动——正是那匹与吕布一同成名，合称“人中吕布，马中赤兔”的赤兔宝马。吕布略加思索，爽快答应董卓条件，在一个月黑风高之夜刺死丁原，随后跟从董卓挟持献帝迁都长安，并将旧都洛阳付之一炬。

看着洛阳城内的漫天火光，骑在赤兔马上的吕布突然回想起自己在丁原手下当差的那些岁月，当画面定格到自己的方天画戟划出一道优美的曲线落入丁原体内，丁原喷出的鲜血像他当初被打耳光时冒出的鼻血时，吕布不由万般感慨：

看你以后还敢随便打人耳光？

那些年，他们一起追过的女人

故事发展至此，就该四大美女之一的“闭月”——貂蝉出场了。

貂蝉一词原有特定含义，貂指貂尾，蝉指附蝉，乃是帽子上的装饰之物。传说秦始皇统一六国时，在出征前让将军和谋士分别在头盔和帽子上缝貂尾，再用白玉或金箔等材料做成蝉的样子缝在其后为附蝉，合称“貂蝉”，寓意乃是希望他们像貂一样聪明伶俐，像蝉一样品行高洁（因蝉站在高枝之上，喝树汁度日）。不过很明显秦始皇的初衷未能延续下去，因为自从以《三国演义》中王允义女身份问世之后，“貂蝉”这个原意是聪明伶俐、品行高洁的词便只剩下美女一个唯一义项了。在罗贯中笔下，貂蝉是司徒王允的义女，长得美貌动人，虽只二八年华，却深有报国之心，知悉王允对于董卓的乱政深感无助，于是便献出自己来对付乱臣贼子。她以美人计同时获得董卓与吕布二人的眷恋，令本以父子相称的二人产生嫌隙，后来更成功挑动吕布与王允合作，刺杀董卓。

但离奇的是为国立下大功的貂蝉却从此消失了，不但在史籍上不曾留下任何记载，也成为四大美女故事中唯一下落不明的一个。无论相比西施与范蠡携手归隐西湖的大团圆式结局，还是相比昭君在大漠事三代单于而客死边塞，甚至比起杨玉环在马嵬驿被一绳白练赐死的大悲剧——起码有个确定的下落啊——貂蝉的离奇消失无论如何不能不让人无限遗憾。

话说董卓以自己的西凉军为后盾，与义子吕布一起挟持献帝迁都长安后更加飞扬跋扈，献帝成为傀儡，朝中大小事宜，事实上由董卓一人决定，甚至董卓出行，也都假天子仪仗，诸臣敢怒而不敢言。不久董卓役民夫二十五万人，为自己新建了一座豪华无比的府邸，号为“郿坞”（《三国演义》第八回），落成之时邀请文武百官前来观看。众人对董卓虽诸多不满，却也对府邸的恢弘气度赞不绝口，只是发现大门口似乎少了一点什么。董卓思考有顷，挥毫写下一副对联：

上联：上敬天子社稷下爱黎民百姓，一身正气；

下联：内不专权独裁外不受贿贪污，两袖清风。

众人在吕布的带领下齐声喝彩。董卓对自己这两句独白也颇感满意，微微颔首，让大家出一横批，但闻人群中有人脱口而出：查无此人。

董卓循声望去，人群中一位目光如炬的老者正对自己怒目而视，“查无此人”的余音仍袅袅传来——此人正是对董卓专权大感不满的众多大臣之一，司徒王允。

按照《三国演义》的记载，王允不满董卓专权由来已久，参观完郿坞回家便与侍女貂蝉定下计策，先将之许给吕布，再许给董卓，趁他们争风吃醋时进行离间。

经过王允、貂蝉的不懈努力，尤以貂蝉在凤仪亭里对吕布一番刺激之语大见成效，最终令吕布杀心顿起，成功刺死董卓，罗贯中写诗称赞：

司徒妙算托红裙，不用干戈不用兵。

三战虎牢徒费力，凯歌却奏凤仪亭。

事实上王允不但反感董卓把持朝政，也对东汉朝廷上下层出不穷的腐败深感痛心，除了为郿坞提供了“查无此人”的横批，他还在自家府邸门口挂了一块巨大的匾额以明心志：反腐倡廉。长期以来，为了搜集董卓等人的腐败证据，王允先后派出多名侍女充当诱饵，让她们以姿色诱惑董卓及其干将李傕、郭汜等人，并成功取得多份证据。然而当王允信心满满地将举报材料上交至献帝的案头时，换来的却是刘协的一声长叹：我也无能为力啊！看着王允充满怀疑的眼神，刘协自我解嘲：怎么，你不信我处理不了？——不管你信不信，我反正是信了！

王允无可奈何，终于决定兵行险招，使出自己的杀手锏：貂蝉。而貂蝉果然不辱使命，出场后很快以惊艳的美貌和出众的歌喉令吕布与董卓尽皆心动，继而神魂颠倒，分别对她展开了热烈的追求。如果董卓不被吕布刺死，那么晚年请人写回忆录的时候写到貂蝉，就会发现连标题都有现成的——

《那些年，他们一起追过的女人》。

而成功进入王允、貂蝉圈套的吕布则在激将下大显男儿本色，趁着董卓从郿坞回朝接受献帝禅让的时候奋力一击，将其刺死。至于被誉为“国家功臣”的貂蝉，虽然立下旷世奇功，却以莫须有的罪名被朝廷关了起来，从此便在各种史籍中彻底消失了。

然而两千年后，我们仍应铭记四大美女之一的貂蝉，她在自己本可以花前月下的花样年华里，却扛起了救国的重任，承担了一个弱女子本不该承担的责任，可以当之无愧地被称为东汉末年的“一号草民”。

反叛倒戈领域的“一代宗师”

因诛杀董卓有功，吕布随后任职奋武将军，进封温侯，与王允同掌朝政。然而好景不长，董卓死后两个月，其旧部属李傕和郭汜等便召集西凉军旧部攻入京城，任凭吕布如何帅得不可开交如何英勇善战，仍是抵挡不住大军来袭，很快战败并仓皇出逃，开始了颠沛流离的落魄生涯。

吕布先是投靠袁术，但因其自恃有诛董卓之功而十分骄恣，恣兵抢掠，袁术不满，于是吕布改投张扬。张扬手下建议擒拿吕布交给李傕，吕布得悉后便转投袁绍，可惜仍得不到袁绍信任。吕布主动请辞，后自成一方势力，却于建安三年（198年）被曹操、刘备联军攻打，兵败下邳，吕布为曹操所俘。

尽管吕布表现出投降之意，曹操也爱才心切，但曹操仍然像一千六百余年后的曾国藩处死投降的李秀成一样，下令将吕布缢杀，然后枭首。因为在曹操犹豫不决的时候，刘备在一旁提醒：你没看见吕布是如何侍奉丁建阳（丁原字建阳）董太师（董卓）的吗？吕布终究还是为自己的势利多变付出了沉重的代价，也在多番易主这一领域达到了前所未有的高度。

不过从两千多年的历史来看，后人似乎并没从吕布的经历中吸取足够的教训，南北朝时“侯景之乱”的发起者侯景便有赶超吕布的趋势。这位在北魏末期民变中崭露头角的起义军将领，先是在尔朱荣得势时率军投奔，当高欢消灭尔朱家族后又加入高欢帐下；不久高欢病死，侯景立刻叛变投梁，但向梁武帝求亲失败后立刻举兵反叛，甚至在公元551年自立为帝。但这位屡次背叛旧主的侯景也没落得好下场，在兵败于扬州刺史陈霸先并被处死后，愤怒的人群将他的尸体割成碎片，抢食一空。

气节啊！